Cartier, Joaillier royal

par Rumiko Kawashima

カルティエと王家の宝石

カルティエと王家の宝石　目次

P
Prologue
王侯貴族の宝庫の扉をあけ、カルティエとの強い絆を辿る

カルティエがイギリス国王エドワード七世から「王の宝石商、宝石商の王」と称されたのは一九〇四年で、メゾン創立から約半世紀後だった。創立者ルイ＝フランソワ・カルティエに有能な三人の孫も加わり、メゾンが目覚ましい発展を遂げ始めていた時代だった。

カルティエの抜きん出たクオリティの貴石と、独創的な創造性が相まって生むジュエリーを高く評価し、以前から顧客となっていたエドワード七世は、国王の座に就いた三年後に、カルティエをイギリス王室御用達に指定した。

自由と繁栄を謳歌《おうか》していたその時代は、国王の名を冠して「エドワーディアン」と呼ば

れ、優美な服装に身を包み平和な生活が営まれていた。

フランスが好きで皇太子だった時代から何度も訪問していたエドワード七世は、フランス国民の心がこもった暖かい歓迎を、まるで我が家に戻ったようだと評価し、フランス人もそうした気さくな面があるエドワード七世を、自国の王のように慕っていた。

こうしたイギリスとフランスの親密度をさらに深めたのが、カルティエを「王の宝石商、宝石商の王」とイギリス王室御用達に指定したことだった。

外国の製品をこれほどまでに賞賛するのは前代未聞のことで、しかも多くの植民地を持つ大国君主の公の評価だ。それは当然、他の国王に刺激を与え、スペイン国王アルフォンソ十三世がイギリス国王と同年に御用達とし、その翌年にはポルトガル国王カルロス一世が、そして一九〇七年にはロシア皇帝ニコライ二世がカルティエを御用達とした。その後も引き続き多くの王家から絶大な賛辞を受け、現在、王室御用達は十六カ国にものぼる。

カルティエとそうした王家の人々との間には、当然、強い絆《きずな》がある。一体、どの国の誰がカルティエを愛用し、絆が生まれたのだろうか。その人はどのような人生を送ったのだろうか。

高位の人であるからには、宝飾品も格別なものであったにちがいない。貴石は何だったのだろうか。

ダイヤモンド、ルビー、サファイア、パール、エメラルド……。
そのどれもが類《たぐ》い稀《まれ》な貴石だったにちがいない。宝石自体にも物語があっただろうし、それらを生かしたジュエリーのフォルムもまた、無比のものだったことだろう。

名だたる王家の人々が選び、その身を飾っていたジュエリーには、その人が生きた人生が、エスプリが、そしてまたその時代の空気までもが浸透し、時が経過しようともその存在感は少しも衰えることなく多くを語る。

そうしたジュエリーを持つイギリス、フランス、ロシア、インド、スペイン、ベルギー、そしてルーマニアの王侯貴族の宝庫の扉を開け、彼らが愛したカルティエのジュエリーを辿《たど》りながら、その奥に秘められた華麗な、あるいはドラマティックな人生を辿ってみたいと思う。

Angleterre
イギリス

A

Angleterre
イギリス

キャサリン妃も着けた王室に代々伝わるハロー ティアラ

ジュエリー愛好家だったメアリー王妃の類い稀なパールが辿った不思議な運命

ガラス張りのドームが際立った美しさを放つパリのグランパレで、二〇一四年九月十一日から二十一日まで開催された、第二十七回「アンティーク ビエンナーレ」は、骨董品とジュエリー愛好家が連日長い列を作るほどの大盛況だった。カルティエはいつも通り最大のブースを確保し、そこで披露した作品は、稀有《けう》な宝石をメゾンの叡智《えいち》と技で唯一無二のジュエリーにした名品ばかりだった。

中でも、高貴な輝きを放つパールをセンターにあしらったティアラは、格別のオーラを放ち、人々の足を釘付けにしていた。そのペアシェイプのパールには神秘的な深い味わいがあり、何か重要なことを語っているようだった。

実は、それは、ヴィクトリア女王に特別に気に入られ、皇太子の妃になり、その後王妃になったメアリー・オブ・テックが気に入り、大切にしていたパールだったのである。

ほとんどの宝石が鉱山で発掘されるのに比べて、海の中で育つパールは貝から取り出されたその瞬間に、美しい姿と光沢を見せる。他の貴石が研磨によって輝きを放ったり理想的なフォルムになるのに、パールには自然の不思議が形成した、手付かずの純粋で完璧な美がある。

御木本幸吉《みきもとこうきち》が長年の苦労の結果、一八九三年に半円形の養殖真珠に成功し、その後も絶え間ない研究を続け上質のパールを生産するようになるまで、海を故郷とする真珠は想像を絶するほど高価だった。

そうしたパールにまつわる伝説や史実は数多い。

現存する世界最古のパールはルーヴル美術館に展示されているネックレスで、古代イランにあったアケメネス朝の時代のものとされている。

フランス人ジャック・ド・モルガンが一九〇一年に発掘したもので、現在のイラン南西部に位置する、王都として繁栄を極めたスーサ王家の墓所にあった。ネックレスは紀元前三五〇年頃のものと推定されている。

エジプト女王クレオパトラは、自分の国を訪れていたローマの将軍アントニウスと贅沢《ぜいたく》を競い合い、宴会の最中に酢の中に彼女が着けていたひと粒のパールのイヤリングを入れて溶かし、それを飲み干したと言われている。その価値は莫大な金額の約一千万セステルティウス。気高く誇り高い彼女はこうすることによって、エジプト女王の威厳と国の偉大さを示したのだった。

多くの著作を残した古代ローマの博物学者であり政治家だったプリニウスは大作「博物誌」に、このクレオパトラのパールのイヤリングの話を書いている。

イタリアの大富豪メディチ家から、フランスの当時の皇太子アンリに嫁いだカトリーヌ・ドゥ・メディシスは、叔父のローマ教皇クレメンス七世から、結婚祝いとして大粒の七つのパールを受け取った。国と国の結びつきを目的とした重要な政略結婚の贈答品として選ばれたことから、パールがいかに貴重な宝石だったか想像できる。

カトリーヌはそのパールのネックレスを、息子フランソワ二世の妃であり、スコットランド女王のメアリー・スチュアートに贈与する。

スコットランド国王とフランスの名門貴族を両親とするメアリーは、父の死によって生後六日で王位を継承した、生まれながらに重い運命を背負っていた女性だった。美貌も地位も持っていた彼女が、フランスの皇太子だったフランソワと結婚したのは十五歳のときで、王子は一歳年下だった。

若い皇太子夫妻は当分の間新婚生活を楽しむと誰もが思っていた。ところが一年後に夫の父、国王アンリ二世が騎馬試合で傷を負ってあっけなく世を去り、義母カトリーヌ・ドゥ・メディシスの摂政のもとに夫は国王になり、メアリーは王妃になる。

けれどもその夫も一五六〇年に中耳炎が因《もと》で脳炎を引き起こし、わずか一年の在位で世を去ってしまう。

夫が世を去ると、子供がおらずフランスに少しの未練もないメアリーは、さっさと故郷のスコットランドに戻る。

けれども安住の地であるはずの故郷で激しい内乱が起き、身の危険を感じたメアリーはイギリスに亡命する。

当時のイギリス女王はエリザベス一世でヘンリー八世の娘だった。一方メアリーはヘンリー八世の姉の孫だったので、二人の間には血の繋《つな》がりがあった。

当初はメアリーを温かく迎えていたエリザベスだった。ところがメアリーはエリザベスに対する陰謀を企てているとか、イギリス王位継承権を狙《ねら》っているなどと噂《うわさ》が立ち、日に日にそれに拍車がかかり、ついにメアリーは捕らえられ、裁判にかけられ、その結果死刑の判決が下り、処刑される。


彼女亡き後、義母カトリーヌ・ドゥ・メディシスからもらったパールのネックレスは、エリザベス一世の所有となった。

エリザベス一世のパールへの情熱は並のものではなく、メアリーのネックレスの素晴らしさに心を惑わされ、嫉妬さえ抱いていた。そうした彼女は、メアリーが逮捕され幽閉《ゆうへい》されている間にすでに、ネックレスを渡すように何度も催促していたほどだった。

そのパールのネックレスはエリザベス一世の手に渡ったが、彼女はその他にも無数の大粒のパールを持っていた。それを鬘《かつら》や髪にちりばめたり、ドレスにも縫い付けさせていたし、扇の縁飾りにもしていたほどパールを好んでいた女王だった。十六世紀半ばから十七世紀初頭にかけてのことである。

このようにイギリス王家には、何世紀も前から上質なパールが多数あったのだ。

エドワード7世夫妻。
エドワード7世は、カルティエを
「王の宝石商、宝石商の王」と称
イギリス王室御用達に指定した
Cartier Archives©Cartier

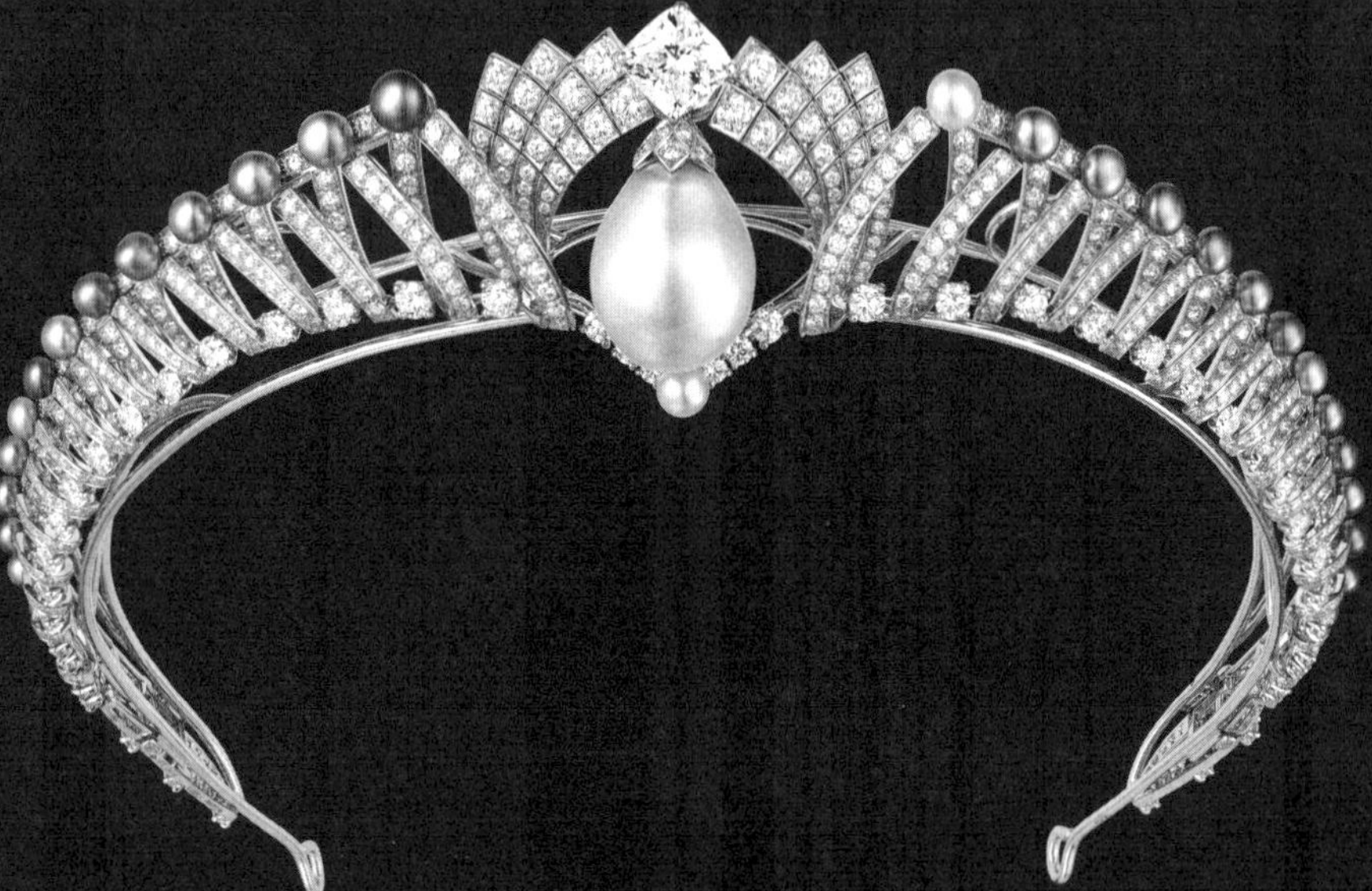

写真右:2014年、第27回
「アンティーク　ビエンナーレ」で
披露され、人々の注目を集めたティアラ。
センターにあしらった
ペアシェイプのパールは、
ジョージ5世の王妃、
メアリー•オブ•テックが
大切にしていたもの。
Cartier Archives©Cartier
写真左:ジョージ5世王妃、
メアリー•オブ•テック。

清廉で高貴なエーデルワイスの
花をモチーフとした
ブローチは、エリザベス女王の
お気に入りの
ジュエリーのひとつ。
センターにピンクの輝きを放つ
「ウィリアムソン」ダイヤモンドを配し、
200個を超えるダイヤモンドで飾られている。
Cartier Archives©Cartier

写真左:チャールズ皇太子とダイアナ妃の
結婚式でもエーデルワイスの
ブローチが胸元に。

1981年7月29日のチャールズ皇太子と
ダイアナ妃の結婚式。イギリスはもちろん、
世界中の人々がふたりを祝福した。
ブルーのドレスのエリザベス女王は
エーデルワイスのブローチと
2連のパールネックレスで喜びの装いに。

イギリス王室3代にわたって王妃、
王女の頭上に輝きを放つ
「ハロー」ティアラ。
写真中央：ヨーク公アルバート
（後のジョージ6世）が妃、
エリザベス・ボーズ＝ライアンのために
カルティエにオーダーしたもの。
写真左：／エリザベス女王の妹、
マーガレット王女も身につけた。
写真右：キャサリン妃も結婚式で
「ハロー」ティアラを着けた。
幸せに満ちた美しい笑顔を包み込むような
ティアラの輝きが印象的。
24ページ：2011年4月29日、ウィリアム王子と
キャサリン妃の結婚式。
サラ・バートンデザインの
シンプルなドレスと「ハロー」
ティアラのコーディネイトが
キャサリン妃の美しさを引き立てている。

ヴィクトリア女王の切望でイギリス皇太子に嫁いだメアリー・オブ・テックは、一八六七年にロンドンで生まれた。父はドイツ貴族のテック公フランツ・パウルで、母はイギリス国王ジョージ三世の七男ケンブリッジ公爵アドルファスの長女として生まれた、メアリー・アデレード・オブ・ケンブリッジだった。ジョージ三世の四番目の王子ケント公エドワードの一人娘がヴィクトリア女王になったのであるから、メアリー・アデレードは彼女の従妹にあたる。結婚相手がなかなか見つからないメアリー・アデレードのために、十四歳年上のヴィクトリアは、真剣に花婿候補を探したこともあった。

結局、メアリー・アデレードが選んだのは、ドイツ南西部にあった連邦国家ヴェルテンベルク王国を支配する王家出身のテック公フランツ・パウルだった。彼女は彼より四歳年上だった。

メアリー・アデレードは派手な社交や服装を好み、その上美食家で、彼女が王族として受け取る年金だけではとても足りず、借金が積み重なり、ついにはイギリスを離れ外国を転々とするようになる。メアリー・オブ・テックが生まれた後のことである。

オーストリアやドイツ、イタリアなど外国で過ごしながら成長した彼女は、多くを学び、知性と感性に磨きがかかり、聡明で芸術に深い造詣《ぞうけい》を持つようになる。

イギリスに戻ったのは一八八五年で、彼女は十八歳になっていた。ヴィクトリア女王の最盛期だった。

それ以降テック一家は、女王の好意でロンドンの王立公園最大の広さを誇るリッチモンドパーク内の、ホワイトロッジに暮らすようになる。現在その建物に英国ロイヤルバレエスクールが置かれている。


その二年後、ヴィクトリア女王は即位五十周年を迎え、そのお祝いにテック公に「殿下」の称号を与えた。


ヴィクトリア女王が六十三年間もの長い間在位にあったために、アルバート・エドワード皇太子は、五十九歳までプリンス・オブ・ウェールズの地位にあった。これはイギリス史上最長だった。

皇太子とその妃アレクサンドラの間には、ふたり続いて王子が生まれていた。

第一王子のクラレンス公アルバート・ヴィクターは、父に次いで王位継承順位第二位の重要な地位にある。将来、彼は、国を動かすことになる。そうした重要な孫の妃は自分で選ばなければならない。十八歳で女王になり、多くの植民地を持った大英帝国を築き、イギリスに莫大な富と繁栄、名誉をもたらしたヴィクトリア女王は、直情径行の女性だった。彼女はすべてに自分の意向を通す人だった。国は彼女のすべてだった。彼女は国そのものに等しかった。

率先して孫の妃探しを行なっていたヴィクトリア女王が吟味に吟味を重ねた結果選んだのが、テック公のひとり娘メアリーだった。

このようにして、クラレンス公アルバート・ヴィクターとメアリー・オブ・テックは、ヴィクトリア女王の強い希望で正式に婚約する。

ところが予期せぬ出来事が突然襲ったのである。婚約からわずか六週間後の一八九二年一月十四日、アルバート・ヴィクターが肺炎で急死したのである。

悲しみに浸っている時間などなかった。第二王子として生まれ、国王の座に就くことから遠い存在と思われていたヨーク公ジョージが、亡き兄を継いで王位継承順位第二位となる。

それまで海軍軍人として活躍し、南アメリカやエジプト、西インド諸島、日本などに赴《おもむ》き、何よりも航海を愛していたジョージは、それを断念し国王になる準備に取り掛かる。

気丈な性格の持ち主で、頭脳明晰《めいせき》なメアリーこそイギリス王妃にふさわしい、彼女以上にこの重要な任務を果たせる女性はいないと、心底から彼女を高く評価していたヴィクトリア女王は、メアリーを諦《あきら》めるわけにはいかなかった。一瞬とて迷うことなく女王は、亡きアルバート・ヴィクターのフィアンセだったメアリーを、ジョージと婚約させる。

ふたりの結婚式は一八九三年七月六日、セント・ジェームズ宮殿内のチャペル・ロイヤルで執り行なわれた。ジョージは二十八歳でメアリーは二十六歳だった。

一九〇一年一月二十二日、偉大なヴィクトリア女王が逝去した。それに伴い彼女の長男アルバート・エドワードがエドワード七世として即位する。

その息子のジョージは皇太子、メアリーは皇太子妃となり、いくつかの公爵の称号も授与される。

真面目な性格の皇太子は、父エドワード七世の傍《かたわ》らで、未来の国王に必要な国政に関する多くを学んでいた。メアリーも未来の王妃として国王を援助する必要があるだろうと、同じように国政に関心を抱き、徐々に国事にかかわるようになる。

母ヴィクトリア女王が息子が公務に携《たずさ》わることを嫌ったり、重要書類を見せることも避けていたのと反対に、父から国王学を学べたのは、ジョージにとって幸いなことだった。

その父エドワード七世は皇太子時代が長かったために、わずか十年の在位後、一九一〇年五月六日に世を去ってしまう。

ジョージはジョージ五世として即位し、メアリーは王妃になった。

ジョージ五世の時世は第一次世界大戦があり、複雑な世の中だった。特に祖母ヴィクトリア女王の夫で、国王の祖父にあたるアルバートがドイツ出身だったために、世界大戦の際に敵同士となったことから、国民の間に不安と不満が広がった。そのときジョージ五世は、それまでの家名サクス＝コバーグ＝ゴータ家から、ウィンザー家に改称する。それが現在も引き継がれているのである。

メアリー王妃の父もドイツ貴族だったので、賢明な彼女はイギリス王家の血を引く母の娘であることを強調していた。

ウィンザー朝が始まった一九一七年、ロシアで革命が起きた。時のロシア皇帝ニコライ二世は、ジョージ五世の従弟だった。ふたりは驚くほど似た容貌をしていて、密《ひそ》かに入れ替わってもわからない、と噂されていた。それというのもふたりの母はデンマーク王の王女で、美貌の誉《ほま》れ高い仲良し姉妹だったからである。

ロシア革命は皇帝一家処刑という悲劇を生み、世界を驚愕させた。ニコライ二世の母ダウマーがクリミア半島に幽閉されていて、命が助かったのは幸いだった。

夫エドワード七世亡き後皇太后となっていた彼女の姉アレクサンドラは、息子ジョージ五世に妹たちを救助するため船をクリミア半島に送るよう嘆願する。

ロシア皇帝アレクサンドル三世の妃だったダウマーは、ロシア名をマリア・フョードルヴナといい、革命が起きたときには息子がニコライ二世として皇帝の座にいたために、彼女は皇太后になっていた。

クリミア半島のヤルタに幽閉されていた皇太后とその家族は、一九一九年四月上旬に、イギリス国王が派遣した戦艦マールバラに無事救出された。その中には娘の第一皇女クセニアがいたし、孫娘イリナとその夫ユスポフ、その他亡命を希望する皇族や貴族が多数いた。ロシアを逃れた彼らはイギリスやフランス、あるいはアメリカへと向かう。

マリア皇太后はイギリスにしばらく滞在した後に、生まれ故郷デンマークへと向かい、甥の国王クリスチャン十世に温かく迎えられる。


皇太后は多くの貴族たちと同様に、亡命の際に宝飾品を持ち出していた。それを彼女は生涯手元に置いていた。彼女所有の豪華なジュエリーが売られたのは、一九二八年十月十三日に世を去った後だった。

生前のマリア皇太后の写真を見ると、彼女がパールのネックレスに格別な愛着を抱いていたことがよくわかる。長さや大きさが異なる数連のパールのネックレスが、胸元を覆うように着けられたり、ネックにぴったり沿うような粒の揃《そろ》ったパールチョーカーを着けている写真が多い。

彼女の細く均整の取れた体を飾るのは、大小のラウンドパールがほとんどだった。けれども、飛び抜けた気品ある輝きを放つ優美なフォルムのパールもあった。

ペアシェイプのそのパールは、二〇一四年のパリでの「アンティーク　ビエンナーレ」のカルティエのブースで話題の中心となっていた、イギリスの王妃メアリー・オブ・テックが所有していたと表示されていた、ペアシェイプのパールと驚くほど似ている。フォルムも光沢も同一のものとしか考えられないほどである。見れば見るほど、その思いは強くなる一方だった。

メアリー王妃のコレクションのひとつとなっていたとされる、その類《たぐ》い稀《まれ》な上品なペアシェイプパールは、王妃の唯一の娘であるメアリー王女所有となる。一説では、王女が結婚したハーウッド伯ヘンリー・ラッセルズが競売で購入し、メアリーに寄贈したとなっている。

この気品あふれるペアシェイプパールを、メアリー王妃は誰からどのようにして入手したのだろうか。他の王家のジュエリーはすべて記録されているのに、このパールに関する記述はどこにもない。

また、革命の際にロシアを逃れたマリア・フョードルブナ皇太后が、亡命先に隠し持って行った数多くの宝飾品の中に、そのパールがあったとも語られている。彼女のジュエリー・リストにそれが記録されていると断言する、王室専門のジャーナリストもいる。一九二八年、彼女亡き後に宝飾品が売りに出され、その中にこのパールがあり、大のジュエリー愛好家で目利きのメアリー王妃が購入し、イギリス王家のものになったというのである。

もしそれが事実であれば、カルティエが幸運にも手に入れることに成功したペアシェイプのパールは、ロマノフ家とウィンザー家の秘宝だったということになる。パールはメアリー王妃、メアリー王女、その息子ジョージ・ラッセルに引き継がれ、二〇一〇年にハーウッド伯家から離れ、その後カルティエの手に渡ったのだった。

これほど贅沢な歴史を刻んだ宝石を生かしながら、カルティエはメゾンの威信をかけて感嘆を呼ぶ作品を創作し、「アンティーク　ビエンナーレ」で披露した。

百六十六・一八グレインのそのパールをセンターに置き、パールとダイヤモンドを左右対称に加えて完成させた、ティアラとしてもネックレスとしても使用できる典雅なジュエリー。それだけでも無数の賛美の言葉を浴びるのにふさわしかったが、さすがジュエリーの王者カルティエ。それと美しいハーモニーを奏でるふたつの同じシェイプのパールを購入し、ティアラ兼ネックレスと見事な調和を生むイヤリングを製作したのだった。

宝石に最大の価値を与えることで名を轟《とどろ》かせている、カルティエならではのジュエリーである。

エリザベス女王ご愛用のブローチに煌めく「ウィリアムソン」ダイヤモンド

一九五二年二月六日、国王ジョージ六世の逝去に伴い、長女エリザベスが女王になったとき、彼女は二十五歳の若さだった。

喪《も》が明けた一九五三年六月二日、ウェストミンスター寺院で厳《おごそ》かに戴冠式《たいかんしき》が執り行なわれ、知的な美しさが満ちあふれる二十七歳の女王に、国中に明るい希望と喜びが飛び交った。

その年はカルティエにとっても忘れ得ぬ年だった。エリザベス女王が大変気に入っていた世界一の美しさを持つと言われていた、目も覚めるばかりの高貴なピンクの輝きを放つ、通称「ウィリアムソン」ダイヤモンドを使用して、ジュエリーを作ってほしいという依頼を受けたのである。


ケベック州生まれのカナダ人、ジョン・ウィリアムソンは、当初は弁護士になる希望を抱いていた。ところが、年とともに地質学に興味を持つようになり、すっかりそれに取り付かれた彼は、研究を続けついに博士号を取得する。

一九三六年からタンザニアで研究を続けていたウィリアムソンは、ある日シニャンガ地方でキンバーライトと呼ばれる火成岩を発見する。キンバーライトの一部からはダイヤモンドの原石が産出されると言われていたのであるから、その発見は重要なものだった。一九四〇年、彼が三十三歳のときだった。

興奮を抑えきれずに、来る日も来る日も絶え間なく発掘が続けられ、ついにダイヤモンドが見つかる日が来た。

それまではダイヤモンドの産地として、南アフリカが名を成していたために、タンザニアでの発見は大ニュースになった。狂喜した彼はダイヤモンドが見つかった鉱山に自分の名を冠し、それ以降「ウィリアムソン鉱山」と呼ばれるようになったのである。

ウィリアムソン鉱山で稀に見る優美なピンクダイヤモンドが見つかったのは、一九四七年だった。ピンクダイヤモンドはごくわずかしか採掘されず、非常に貴重で価値ある存在だった。それなのに、ウィリアムソン鉱山で発見されたのは五十四・五カラットもあった。

ウィリアムソンのそのダイヤモンドへの誇りは、見るたびに高まっていった。

そして彼は思うようになる。これほど希少価値があるダイヤモンドは、ぜひともそれにふさわしい人に捧げたい。彼は海を隔てた国、イギリスを思い浮かべる。そこには長い歴史を歩んできた、敬愛している偉大な王家の人々がいる。

ちょうどその年の十一月二十日に、国王の長女で未来の女王となるエリザベスが結婚することになっていた。

出会った瞬間に一目惚《ぼ》れしたと後に彼女が告白する幸運な男性は、ギリシャ王国国王ゲオルギオス一世の四男アンドレオス王子の息子として生まれた、長身で端整な顔のフィリップだった。

ギリシャのコルフ島で生まれたフィリップは、生後間もなく起きた政変で祖国を離れ、イギリスやドイツで成長し、その後イギリス海軍兵学校を卒業し、海軍で華々《はなばな》しい功績を成し遂げていた。

凜々《りり》しいフィリップと華麗な美しさを持つエリザベスは、一九四七年七月九日に婚約し、秋の結婚式を待つばかりとなった。

この美しい輝きを放つ特別なピンクダイヤモンドこそ、初恋を実らせたイギリス王女の結婚祝いにふさわしいではないか。

王党派のウィリアムソンのたっての願いは受け入れられ、ダイヤモンドはエリザベスの手に渡った。

五十四・五カラットの「ウィリアムソン」ダイヤモンドは、一九四八年にロンドン市内のクラーケンウェルの専門店でカットされ、比類なき雅《みやび》やかな美しさがほとばしる二十三・六カラットとなった。エリザベスは母であるメアリー王妃と連れ立って三月十日に研磨の様子を見に行っている。このことからも彼女がどれほどそのダイヤモンドを気に入っていたかわかる。

ウェストミンスター寺院で、一九五三年六月二日十一時十五分に始まったエリザベス二世の戴冠式は、カンタベリー大僧正による承認の儀、宣誓の儀と続き、純金製の二キロもの重さがある「聖エドワード王冠」が戴冠された。その模様は一部始終テレビで世界各国に中継され、イギリスの偉大さを示したのだった。

歴史に華やかなページを加えたこの年に、カルティエは「ウィリアムソン」ダイヤモンドを託され、それを使用した宝飾品の製作を依頼されるという、輝かしい名誉にあずかったのである。

自然をモチーフとしたジュエリーは、産業革命が行なわれ絶頂期を迎えていたヴィクトリア女王の時代からもてはやされていた。特に、星や鳥、木、花などのブローチは、女性にさらなる優しさを与え好まれていた。

雄大な自然に恵まれたイギリスでは、古くから多種のバラが育ち、国花とされている。ヴィクトリア女王の時世の一八六七年に、王立バラ協会が誕生したほど、イギリス人のバラへの愛着は強い。そのバラ協会のガーデンには、現在千七百以上の品種が咲き誇り、世界中から多数の愛好家が訪れている。

自然との触れ合いを大切にするイギリスの国花になっているバラをモチーフとして、カルティエはジョージ六世の時代の一九三八年にひとつのブローチを製作した。

「花の女王」と謳《うた》われるバラは、何枚もの花びらが微妙に重なり合いながら優しさの内に華麗さを放っている。カルティエによるバラのすべての花びらには、ダイヤモンドがびっしりはめ込まれ、それぞれの縁にはバゲットカットのダイヤモンドが加えられた。もっとも硬いと言われているダイヤモンドが、カルティエが長年にわたって懇切丁寧に伝承してきた技で、しなやかな花びらを見事に実現したバラのブローチに。それを、ジョージ六世の二番目の王女マーガレットが、エリザベス二世の戴冠式の日に胸元に着け、艶《あで》やかな笑顔をたたえながら姉を祝福していた。

女王から「ウィリアムソン」ダイヤモンドを使用して、花のモチーフのブローチをと依頼されたカルティエによって完成したのは、エーデルワイスに似ている爽《さわ》やかな美しさが輝く花だった。ドイツ語で「高貴な白」という意味を持つその花は、勇気や奥ゆかしい美を象徴し、夜空の星が地上に降り立って花になったとも言われている。

センターにピンクの「ウィリアムソン」ダイヤモンドを配し、ジョン・ウィリアムソンが同じようにエリザベス女王に寄贈した、百七十個のブリリアントカット、十二個のバゲットカット、二十一個のマーキスカットのダイヤモンドが、センターピースの周囲を飾る五枚の花びらになったり、二枚の葉を付けるしなやかな茎になったりした花のブローチは、エリザベス女王が特に愛するジュエリーとなり、さまざまな重要な行事の際に胸元を彩っている。

その一場面がチャールズ皇太子とダイアナ妃の一九八一年七月二十九日の挙式だった。長年待たれていた皇太子の結婚式であっただけに、その日、七億二千万人もの人々が、テレビの前で今世紀最大と噂される式の一部始終を見つめていた。

エリザベス女王はこの晴れの日に清涼な淡いブルーのドレスを召されていた。それと同色の帽子にはきめ細かな花飾りが施されていた。胸元に華やかさを与えていたのは、大粒の二連のパールと、カルティエが製作した女王お気に入りの「ウィリアムソン」ダイヤモンドの花のブローチだった。

式の後バッキンガム宮殿のバルコニーで国民の祝福を受ける際にも、花のブローチは喜びの日にふさわしい高貴な輝きを放っていた。

現在、ご高齢にもかかわらず、常に温かみのある微笑を保ちながら職務をこなしているエリザベス女王は、世界中の人々に愛され、慕われ、尊敬されている。彼女には人々をひきつけてやまない格別なオーラがある。永遠に変わることのないその輝きは、人々に安堵《あんど》感《かん》や大きな喜び、幸福感を与えてくれる。

そうしたエリザベス女王は、地上に咲くもっとも尊く華麗な不滅の花なのかもしれない。

ウィリアム王子との結婚式で着用したキャサリン妃のティアラは「ハロー」

イギリス王位継承順位第二位にあるウィリアム王子とキャサリン・ミドルトンの結婚は、時間をかけて真面目に愛を深めていった若者の理想的な姿だった。未来の国王、王妃という地位が確約されているだけでなく、ふたり揃って長身で、笑顔がこの上なく愛らしく、出会う人を虜《とりこ》にしないではいないチャームがある。そうしたふたりが神の前に結ばれる華麗なセレモニーは、幸せを描くおとぎ話や映画を現実に見る思いだった。

セント・アンドルーズ大学で知り合い、芽生えた愛を大切に育て、ウィリアムがキャサリンに結婚を申し込んだのはケニアだった。その際にウィリアムは、父チャールズ皇太子が母ダイアナに贈った婚約指輪を密かに持参しキャサリンに渡した。

楕円形の十二カラットのサファイアの周りを十四個のダイヤモンドが飾る母の形見。それはウィリアムにとって、言葉で言い尽くせないほどの大きな意味を持っていたに違いない。多くの忘れがたい思い出を語るその婚約指輪を、自分の妻となる女性に贈った彼のデリケートな心に、多くの人々が感動した。

それから約一ヶ月後の二〇一〇年十一月十六日、ふたりの婚約が正式に発表された。十二月には婚約写真も公表され、二〇一一年四月二十九日の結婚式の日を待つばかりとなった。

ウェストミンスター寺院での挙式には約千五百人が招待され、世界中の人がテレビの生中継に見入った。人々がもっとも関心を抱いたのはキャサリンのウェディングドレスとティアラだった。

歴史に残るであろう彼女のドレスは、アレキサンダー・マックイーンのサラ・バートンのデザインで、布地は本しゅすだった。

婚約時代よりいくらか細くなったキャサリンは落ち着いていて、将来担うべき重要な役割を立派にこなすであろう安心感を与えていた。顔は喜びと幸福感で輝いていた。そこにさらなる煌《きら》めきを放っていたのが、豊かな彼女の髪の毛に飾られていたティアラだった。

「ハロー」（Halo＝光輪）と称されるそのティアラは、後にジョージ六世となるヨーク公アルバート（一九二〇年ヨーク公となる）が、妃メアリーに贈るために一九三六年にカルティエに依頼したものだった。彼の兄エドワード八世が、アメリカ女性ウォリス・シンプソンとの結婚を決意し退位したために、弟アルバートが国王になることが決まる三週間前だった。

七百三十九個のブリリアントカットのダイヤモンド、百四十九個のバゲットカットのダイヤモンドのそのティアラは、その年にロンドンで開催された夜会で、メアリーの頭上で燦然《さんぜん》と輝いていた。

アルバートは生まれつき病弱で控えめな性格の王子だった。皇太子である兄エドワードが将来国王になるよう育てられたのに比べて、次男の彼はさほど目立つこともなく成長していく。

彼がストラスモア・キングホーン伯の四女エリザベスに出会ったのは、一九二〇年だった。彼は二十五歳で彼女は二十歳だった。

スポーツに長《た》け、犬が好きで、文学と聖書学に驚くべき才能を発揮し、柔和な微笑を絶やさないエリザベスをひと目で気に入ったアルバートは、生涯を共に過ごす女性は彼女以外に考えられないと、翌年早速結婚を申し込む。

それまでのイギリス王子は、通常、他の国の王女を妻として迎えていた。それを内気なアルバートは勇気を持って打ち破り、伯爵令嬢エリザベスを選び求婚した。

ところがエリザベスはそれを拒否する。周囲の人が心配するほど失意に陥ったアルバートだったが、それでも諦め切れなかった彼は、その翌年再びプロポーズする。そのときもまたエリザベスはプロポーズを断った。おそらく王室に入ることに大きな不安を抱いたからだろうと推測されているが、アルバートの熱意に動かされたのか、結局、彼女は承諾する。出会いから三年後の一九二三年一月だった。

ふたりの結婚式はそれから間もない四月二十六日に、ウェストミンスター寺院で執り行なわれた。

ヨーク公夫妻はロンドン市内の館《やかた》で平和な生活を営み、ふたりの娘、エリザベスとマーガレットが生まれた。

愛に満ちた家族優先の日々は、兄の突然の退位で一変する。ヨーク公はいきなりジョージ六世としてイギリス国王の座に就き、バッキンガム宮殿に暮らし国務をこなすことになった。その傍らで支える王妃の貢献は計り知れないほど大きかった。

王になる三ヶ月前に夫から贈られたティアラ「ハロー」を、王妃は一九四四年に長女エリザベスの十八歳の誕生日にプレゼントする。ジュエリーを母から娘に贈与するのは、大人になったお祝いの印で、今もこの伝統を守っている人がヨーロッパには多い。

エジンバラ公と結婚した際に三つのティアラを受け取ったエリザベス王女は、「ハロー」を妹のマーガレット王女や、娘のアン王女にも貸したりしていた。

そして二〇一一年、孫ウィリアム王子に嫁ぎ王家の人となるキャサリンに、エリザベス女王はこのティアラ「ハロー」を貸したのだった。

ジョージ六世の妃エリザベス、現女王エリザベス二世、その妹マーガレット王女、娘アン王女、そして未来の王妃キャサリンを優美に飾ったティアラ「ハロー」には、こうした稀有な歴史が刻まれているのである。

世界中が見守る晴れの日に、キャサリンはきれいなカーブを描く控えめなイヤリングを着けていた。それはティアラ「ハロー」に似合うデザインで、彼女の両親からのプレゼントだった。それもいつかティアラとセットで子孫が着ける日が来るかもしれない。

France
フランス

F

France
フランス

ブルボン王朝を華麗に彩った伝説のダイヤモンド

「ホープ」ダイヤモンドの原石の持ち主は国王ルイ十四世だった

著名なダイヤモンド鉱山ゴルコンダと、その周辺で発掘された多数のダイヤモンドを手にしながら、行商人ジャン・バティスト・タヴェルニエがインドからフランスに戻ったのは一六六八年で、ルイ十四世の時世だった。国王がヴェルサイユ宮殿を居城とする以前で、宮廷は現在のルーヴル美術館に置かれていた。彼がパリを離れヴェルサイユに住むようになったのは、一六八二年だった。

地理学に精通し地図の販売もしていた父の影響を受けて、小さい頃から外国を訪れていたタヴェルニエは、一六三八年にインドに行きダイヤモンド鉱山を知り、有力者とも親しくなり、信頼を得る。その後もインドとフランスの間を行き来し、インドとの通商のパイオニア的存在になった彼は、フランスの高位貴族との絆《きずな》も生まれ、国王を宮殿に訪問するようにさえなったのだった。

タヴェルニエがインドから持ち帰ったダイヤモンドは千個を超えていた。その中の優れたダイヤモンドを選んでルイ十四世に見せると、枢機卿《すうききょう》であり実質上の宰相でもあったマザランの影響で、宝石学に興味を抱いていた彼は、四十七個も購入する。その中には百十五・一六カラットのブルーのダイヤモンドがあった。当時のインドの宝石商は赤や白、グリーンを好んでいたために、タヴェルニエは容易にそのブルーダイヤモンドを入手することができたのだった。

宝石の知識があるルイ十四世は、貴重な石を多数コレクションしていて、パリ近郊の別邸サン・ジェルマン・アン・レイ城の、王が大切にしている珍しい品々を陳列している戸棚に飾っていた。ブルーダイヤモンドもそこに置かれた。

国王がそのダイヤモンドをカットすることを思い立ったのは一六七一年だった。その名誉と責任ある役目を命じられたのは、王室御用達の宝石細工師ジャン・ピタンだった。彼はこの稀有《けう》なダイヤモンドのデザインに二年、カットにも二年費やした。

完成したのは「パリの薔薇《ばら》」と呼ばれるカットの三角形のジュエリーで、七枚の花びらを持つ優美な花冠だった。七は国王がもっとも気に入っていた数字だった。彼は太陽の神アポロンを紋章として選んでいた。そのアポロンの数字は七である。それにこだわっていることを知っていたために、ピタンは七枚の花弁にしたと推測されている。

彼の卓越した技は、それまで多少どんよりした色合いが残っていたダイヤモンドを、深い眠りから覚めたかのように、心を奪うばかりの燦然《さんぜん》とした輝きを放つほどにした。

ルイ十四世の信頼を受けていた財務総監コルベールは、それを「フランス王家のブルーダイヤモンド」と称した。

ピタンによって製作された六十九カラットのブルーダイヤモンドの逸品はブローチとして使用でき、国王は祭典のときにスカーフの上に着けていた。

国王の威厳を国民と諸外国君主に示すために、ルイ十四世は身だしなみに特別の配慮をしていた。金糸銀糸の豪華な服をまとい、鬘《かつら》を被り、顔には粉おしろいをつけ、シルクの靴下を履き、リボン飾りつきのヒールがある靴という姿だった、そうした国王にダイヤモンドはよく似合っていた。

太陽王ルイ14世。
宝石への造詣が深く、
貴重な石を多数コレクション
していたことでも
知られている。

一七一五年にルイ十四世が逝去し、新たに王になったルイ十五世は、わずか五歳に過ぎなかった。そのために、彼が親政を行なうようになる一七四八年までは、ルイ十四世の甥をはじめとし、数人が交代で摂政の座に就いていた。その間、ブルーダイヤモンドは注目されることはなかった。

それが再び宮廷人の目に触れたのは一七四九年だった。その年に、十五世紀に創設された金羊毛騎士に任命された国王が、金羊毛騎士の勲章にブルーダイヤモンドを加えるよう、宝石商ピエール＝アンドレ・ジャックマンに依頼したのである。

ロココ調最盛期に創作されたこの勲章の華《はな》やかさは極まりなかった。

勲章のドラゴンは百七・八八カラットの「コート・ドゥ・ブルターニュ」と呼ばれるスピネル製で、ドラゴンが口から吐き出す炎は、赤に着色した八十四個のダイヤモンドだった。金羊毛は百十二個のイエローに着色したダイヤモンドで、それを守るのはルイ十四世のブルーダイヤモンド。ギリシャ神話を基にした逸話がすべて稀有な宝石で表現されているのである。

ドラゴンは宝石彫刻師第一人者、ジャック・ゲイが製作し、尾と羽や、ドラゴンを囲む勝利のシンボルの棕櫚《しゅろ》の葉には、三十二・六二カラットのブルーのダイヤモンド、三個のイエローサファイア、四から五カラットの五個ほどのダイヤモンド、その他、それより小さめの三百個を超えるダイヤモンドが施されていた。そのドラゴン製作に使用したスピネル「コート・ドゥ・ブルターニュ」は、十六世紀の国王アンリ二世の宝石だったのであるから、それ自体がフランス王家の長い歴史を語っていた。

このドラゴンは革命の際に他の王家のジュエリーと一緒に盗難にあったが、後年に奇跡的に見つかり、現在ルーヴル美術館に展示されている。

続くルイ十六世の時代の一七八九年に革命が起き、ヴェルサイユ宮殿を筆頭に、すべての建造物が破壊され、家具も絵画も没収され、革命家たちによって売り払われた。

現在海軍省が置かれているコンコルド広場に面した国有家具調度品保管館は、監視係が厳重に見張っていたにもかかわらず、一七九二年九月十一日から十六日にかけて荒らされ、そこに保管していたブルボン王朝の栄華を伝えるすべての品が盗まれた。宝石は九千点にものぼった。その中にブルーダイヤモンドもあったのだった。

革命が終わり、ナポレオンが日の出の勢いで出世し皇帝になって勢力を振るっていた一八一二年九月十九日、ロンドンでのこと。イギリス人のダイヤモンド細工師と交渉人によって、四十五・五カラットのブルーダイヤモンドの存在が明らかになった。それはルイ十四世のダイヤモンドと同じ色をしていたが、楕円形にカットされていて、しかも大きさも異なっていた。

それを数人の手を経た後に、イギリスの銀行家ヘンリー・フィリップ・ホープが購入したのは一八二四年だったと語られている。それ以降、このブルーダイヤモンドは「ホープ」ダイヤモンドと呼ばれるようになったのである。


ところが時が経ち、「ホープ」ダイヤモンドとフランス王家のブルーダイヤモンドに、関連性があるのではないかと興味を抱く人が出てくる。宝石商シャルル・バルボもそうしたひとりで、彼はふたつのダイヤモンドの色と光沢の類似点に惹《ひ》かれ、一八五六年から歴史書を紐解《ひもと》いたりもした。

バルボは結論を得られないままで終わったが、その後アメリカやフランスを筆頭とし、数ヶ国で長年にわたってさまざまな憶測が飛び交ったり、推測されていた。

結論が出たのは近年である。二〇〇七年、鉱物学教授フランソワ・ファルジュが、パリの国立自然史博物館の倉庫で偶然に古びた鉛の型を発見したのだ。

その鉛の型は七枚の花びらを持つ「パリの薔薇」カットを示していた。驚いたファルジュは型に関する緻密《ちみつ》な調査を行ない、そこにつけられていたはずの書付を追跡し、ロンドンのホープ氏がブルーダイヤモンドを所有していた、と書付に記入されていたことがわかったのである。

これによって、「ホープ」ダイヤモンドとブルーダイヤモンドに関連性があることが判明した。

一説では、一八一二年にブルーダイヤモンドの存在を明らかにしたのは、盗難の時効が二十年であることを知っていて、それを待って二十年と数日経った日を選んだと言われている。楕円形にカットしたのも、元の形のままだと危険があまりにも大きかったからだとも言われている。

このブルーダイヤモンドを先のふたりのイギリス人が誰から手に入れたかは、いまだに明らかではない。

ヘンリー・フィリップ・ホープが買い取りホープと名付けられ、彼の子孫に引き継がれたダイヤモンドは、ひ孫のヘンリー・フランシス・ホープの妻メイが、愛人とアメリカに渡るときに持って行き、一九〇一年に宝石商に売られホープ家から手放される。

その後数人の手に渡り、一九一〇年にピエール・カルティエが購入したのだった。

カルティエの傑出した美的感性と技によって、「ホープ」ダイヤモンドの周りに選《よ》りすぐった十六個の、そしてチェーンには四十五個のダイヤモンドが加えられ、さらなるノーブルな輝きを放つネックレスとなり、賞賛の言葉と眼差しを独占する。

アメリカ人の大富豪エヴァリン・ウォルシュ・マクリーンが、この類《たぐ》い稀《まれ》なジュエリーに魅了され、一九一一年に自分のものとし、一九四七年に生涯を閉じるまで愛用していた。それ以前の一九〇八年十二月に、彼女は夫と連れ立ってパリのラペ通りのカルティエ本店を訪れ、「スター　オブ　ザ　イースト」と称される、九十四・八カラットのペアシェイプのダイヤモンドをあしらったネックレスを購入していた。パールや三十四・五カラットのエメラルド、プラチナによるそのネックレスを、「ホープ」ダイヤモンドを使用したネックレスと合わせて着けることもあった。

金採掘業を営むエヴァリンの父は膨大な資産の持ち主で、彼女が結婚した相手は、ふたつの新聞社のオーナーの息子、エドワード・ネッド・マクリーンだった。富豪同士のふたりはカルティエの顧客として、メゾンの台帳に名を残している。

エヴァリン亡き後ネックレスは宝石商に売られ、一九五八年にアメリカを代表するスミソニアン博物館のひとつ、国立自然史博物館に寄贈された。

ワシントンDCにあるこの博物館で、起伏に富んだ歴史を刻んだ「ホープ」ダイヤモンドは、現在も訪問者を驚嘆させている。

55ページ写真：アメリカの大富豪、
エヴァリン・ウォルシュ・マクリーン。
カルティエによる「ホープ」ダイヤモンドの
ネックレスを生涯愛用した
Cartier Archives©Cartier

1910年にピエール・カルティエが
「ホープ」ダイヤモンドを購入、
周囲に16個のダイヤモンド、
チェーンに45個のダイヤモンドを
加えたネックレスに。
1958年よりアメリカの
スミソニアン博物館所蔵。

第二帝政時代の社交界の華、ナポレオン一世の姪、マチルド皇女

ナポレオン三世が皇帝だった第二帝政は、国中が潤《うるお》う豊かな時代だった。皇帝の命令に従いセーヌ県知事オスマン男爵がパリの大改造を実施し、プラタナスやマロニエの街路樹に縁取られた幅広い道路が生まれ、高さと色の規制を設けた建造物が隅から隅まで立ち並び、整然とした街になった。人々は美しくなった街並みにふさわしい美しい装いをし、オペラやバレエ、観劇を楽しみ夜ごと美食を味わっていた。

そうした第二帝政時代の一八五六年、ヌーヴ・デ・プティ・シャン通りに店を構えていたカルティエに、マチルド・ボナパルトが姿を現した。

その年はクリミア戦争が終結した記念すべき年だった。クリミア半島で起きたロシアとトルコの間の戦いで、フランスはイギリスとともにトルコ側につきロシアを相手に激戦を続け、輝かしい勝利を得たのだった。

ナポレオン三世の評判は急上昇し、戦勝国フランスでは国中に喜びが漲《みなぎ》っていた。国民に圧倒的な人気を博していたナポレオン三世は、カルティエを訪れたマチルドの従兄だった。

カルティエがその後イタリアン大通りに移転してからも、彼女は頻繁に顔を出し、その

たびにオーダーしていた。彼女はそれほどジュエリーを愛し、財力も十分あったのである。

マチルドはナポレオンの末弟ジェロームを父とし、当時ドイツ南西部にあった連邦国家ヴェルテンブルクの国王、フリードリッヒ一世の王女カタリーナを母として、一八二〇年に生まれた。ナポレオンが大西洋の孤島、セント・ヘレナに流刑され、その地で生涯を閉じる一年前である。

ヴェルテンブルク国王はナポレオンと友好関係にあり、ナポレオンのいくつかの戦いに派兵し協力を惜しまないでいた人だった。

ジェロームが現在のドイツ国内にあったヴェストファーレン王国の国王になったのは、皇帝である兄ナポレオンのお陰だった。一八〇七年に建国され、十三年しか続かなかった国だった。

ヴェルテンブルク国王の娘カタリーナを妻として迎えたジェロームが、兄が建国したヴェストファーレンの国王になり、カタリーナが妃となると彼女の父は手放しで喜んだ。ところがその後ナポレオンは戦いに敗れ、彼が造った王国は消滅し、国を失ったジェロームとカタリーナは亡命の旅に出て、さまざまな都市で暮らすようになる。その間の主だった資金援助をしていたのは、カタリーナの父ヴェルテンブルク国王だった。

マチルドが生まれたのは両親が亡命していたそうした時代で、ローマやフィレンツェな

語学に堪能で、文化や
芸術への知識も深く、
ナポレオン３世時代の社交会に
君臨したマチルド・ボナパルト。
彼女のサロンには、時代を
代表する政治家、文学者、
画家などが集った。

どを転々としながら成長する。

彼女が十五歳になったとき、後年に第二帝政を築く従兄ルイ・ナポレオンと婚約する。けれども翌年、ルイが政権を取ろうと反乱を起こし、逮捕されたために早くも破談になる。その後、父の計らいでロシア貴族アナートーリー・デミドフ伯爵と政略結婚したのは一八四〇年、マチルドは二十歳になり美しさの盛りであった。

デミドフは外交官だった彼の父親同様に、熱烈なナポレオン崇拝者で、皇帝が使用していた家具や食器などのほか、彼にちなむさまざまな品を多数コレクションしていた。デミドフ家は代々文芸と科学を愛し、メセナ活動を行なっていたし、慈善活動にも積極的だった。

ナポレオンに関する収集品があまりにも多いので、それを展示するために、ナポレオンが最初に流刑された地中海のエルバ島で暮らしていた館《やかた》のすぐ隣りに、神殿のように立派な建物を建築させたほどだった。現在その建物はナポレオン博物館として、世界中からの訪問者を迎えている。

ナポレオンに心底から傾倒し、尊敬していたデミドフは、皇帝の命日である五月五日に毎年ミサをあげることを町民に呼びかけ、それは現在でも続けられている。

マチルドはデミドフとの結婚のときに、多くのジュエリーを受け取った。彼の家系は武器製造で莫大な財を成し、ピョートル大帝の時世の一七二〇年に、貴族の称号を受けた名門だったのである。

マチルドの祖父、ヴェルテンブルク国王フリードリッヒ一世は、ロシア皇帝ニコライ一世の母マリア・フョードロヴナの兄なので、マチルドは皇帝の従姪にあたり、しかもフランス皇帝だったナポレオン一世の姪である。

彼女はほっそりした理想的なスタイルと、華やぎのある顔立ちの女性だったし、デミドフは教養があり本を出版したほどの文才もあった。

このようなふたりの結婚はきっと長続きするだろうと誰もが思っていた。

当初は確かに仲のいい伯爵夫妻だった。パリやサンクトペテルブルグのデミドフ家の館や、フィレンツェ郊外の豪勢なヴィラ・サン・ドナートで何の不自由もなく贅沢《ぜいたく》に暮らしていた。

デミドフはロシアよりもフランスやイタリアを好んでいて、そのためにロシア皇帝とも不和だったほどだった。小さいころから多くの街で暮らした経験があるマチルドも、そうした生活を喜んでいた。

亀裂が生まれたのは、夫に愛人がいることがわかったときだった。夫が並々ならぬ愛を注いでいたのは、ディーノ公爵夫人ヴァランティーヌで、彼女が公爵と結婚したときには、ダイヤモンドの豪華なパリュールをお祝いに贈ったほど彼女への想いは強かった。

　マチルドと結婚したばかりのときには、さすがに公爵夫人と会うことはなかったが、時が経つにつれて彼女と密会するようになり、ついにはフィレンツェに住まわせ、頻繁に会えるようにしたのだった。

　それを知ったマチルドは、夫に何度も彼女と別れるようにと嘆願する。けれども公爵夫人に身も心もすっかり奪われていたデミドフには、何の効果もなかった。

　そうしたある日、舞踏会でマチルドとヴァランティーヌが出会う。怒りや不満が積み重なっていたマチルドは、夫の愛人に罵倒の言葉を投げ、その場にいたデミドフは妻の顔を二度も平手で殴った。その結果彼は裁判にかけられ、マチルドに慰謝料と年金の支払いを命じられた。

　ふたりが離別したのは一八四七年で、マチルドは多額のお金とすべてのジュエリーを抱えてパリへと向かった。

　従兄のルイ・ナポレオンがフランス大統領に選ばれたのは、マチルドがパリに暮らすようになった翌一八四八年だった。それから間もない一八五二年にルイは皇帝の座に就き、ナポレオン三世の名のもとに第二帝政時代が始まった。

独身だった彼のために、フランスのファーストレディの役目を果たすようになったのは、かつてのフィアンセ、マチルドだった。彼女はそれを見事にこなしていた。以前のようにスリムではなかったが、数多くのジュエリーで身を飾る彼女は、国を代表する女性にふさわしく、煌《きら》めいていた。知識も語学力も、話題の広さも申し分なかった。

社交に長《た》けているマチルドは、自分の館でサロンも開いていた。ルイ・ナポレオンが妻とする女性ユゥジェニーに出会ったのは、そのサロンでだった。彼が大統領だった一八四九年のことである。

スペイン貴族の華やかな顔立ちのユゥジェニーに、ひとめで惹かれたルイ・ナポレオンは、皇帝に就任しナポレオン三世となるとユゥジェニーに結婚を申し込む。

マチルドの悔しさは隠しきれないほど大きかった。

皇帝夫妻の居城となっていたチュイルリー宮殿での社交に対抗して、マチルドは自宅で開くサロンに全身全霊を捧げるようになる。知的会話と華やぎが交差する彼女のサロンには、政治家もいたし、学者もいた。特に文学者が多く、権威ある文学賞で名高いゴンクール兄弟や、「ボヴァリー夫人」「感情教育」を発表して話題を呼んだ写実派主義作家、ギュスターヴ・フローベールなどの巨匠も定期的な招待客だった。後年には、二十世紀初頭に新しい文体を示し世を驚かせたマルセル・プルーストも顔を出すようになった。

彼は「歴史的サロン、プリンセス・マチルドのサロン」というタイトルで、匿名でフィガロ新聞に連載を書いていた。それだけでなく、彼の不朽の名作「失われた時を求めて」でも、彼女のサロンの様子や彼女自身を描写している。

それによるとマチルドは、誇り高く、それでいて謙虚で、招待客のもてなしにはこの上もない優しさがある。その反面、男性的率直さも持ち合わせているとなっている。

シャンゼリゼ近くのベリー通りの彼女のサロンで出会った数人が、「失われた時を求めて」の主要な登場人物のモデルとなっているのであるから、マチルドのサロンが当時の上流階級の中心であったことが窺《うかが》える。

彼女のサロンが語られれば語られるほど、名士たちはそこに招待されることを望み、マチルドはパリを代表する社交界の女王的存在になる。身だしなみへの心遣いも増していった彼女にとって、美麗な輝きを放つジュエリーは欠かせなかった。財力が十分あったマチルドは、カルティエがヌーヴ・デ・プティ・シャン通りからイタリアン大通りに移転してからも繰り返しオーダーしていた。

繁栄のシンボルとされている女王蜂のモチーフを施したブレスレット、ルビーとパールによる優美なネックレス、再生や復活を意味するトルコ石を使用したスカラベのブローチ三点……。

マチルド自身が破格の女性だっただけに、彼女がカルティエから購入したジュエリーも破格だった。その数は二百を超えていた記録が残っている。

皇后ユゥジェニーがカルティエに発注した陰に、マチルドの影響があったことは容易に想像できる。それをきっかけとして、諸外国の王家がカルティエに特別の目を向けるようになったのであるから、彼女が果たした役割は偉大だ。

起伏に富んだ人生だったが、一八七三年に詩人クロディウス・ポプランと再婚し、それ以後幸せな人生を送り、一九〇四年に八十三歳の生涯をパリで閉じた。

彼女は子孫を残さなかったが、末弟の家系が引き続き男子を残し、現在ナポレオン公を名乗っている。

Russie
ロシア

R

Russie

ロシア

数奇な運命を辿る帝政ロシア時代の豪奢な宝石たち

華やかなロシア帝政時代の最後を飾るウラジーミル大公夫人

ロシア革命が起き、ニコライ二世皇帝が家族ともども処刑された翌年の一九一九年、一台の汽車がコーカサスを走っていた。汽車は駅で止まることもなく、したがって乗り降りする乗客がひとりもいないまま、ひたすら走っていた。その中にはウラジーミル大公夫人がいた。その汽車は彼女の専用列車で、豪華な装飾は贅沢《ぜいたく》好みの大公夫人にふさわしかった。

けれども彼女は神妙な面持ちで、落ち着かない視線を動かすことを止めないでいた。心は一刻も早く、革命派の赤軍がいる危険地域を離れたいという思いに占領されていたのだろう。

膨大な広さのコーカサスを何日もかけて横切った後、やっと黒海沿岸のアナパに到着した。

美しい砂浜が続くアナパは温暖な気候に恵まれ、リゾート地として愛されていた。ウラジーミル大公夫人はその地にずっと留まっているつもりだった。そこはロシアといえどもはずれにあり、赤軍がそこまで手を出すことはないだろうと、大公夫人は信じていたのだった。

彼女はあくまでもロシア国内に留まっていたかったのである。なぜなら、皇帝ニコライ二世も皇太子アレクセイも処刑され、その跡を継ぎロシア皇帝となるのは、自分の息子がもっともふさわしい、いや、そうあるべきだと熱望していたからだった。彼女には亡き夫、ウラジーミル・アレクサンドロヴィッチ大公との間に三人もの息子がいた。夫は皇帝アレクサンドル二世の三男で、革命で処刑されたニコライ二世皇帝の叔父にあたる。

息子がロシア皇帝になるためには、祖国を離れるわけにはいかない。そのために彼女はアナパから動きたくなかったのである。

しかし、赤軍は場所を選ばずに迫っていた。命の危険を察した多くの貴族たちは、すでに、先を争うように国外に逃亡していた。それにもかかわらず、ロシアに留まる決意を頑固に変えない大公夫人であった。反革命派である白軍の度重なる説得に折れて、やっと黒海を船で横切りヴェネツィアに行く承諾をしたのは一九二〇年だった。

その後もウラジーミル大公夫人は旅を続け、スイスのチューリッヒに向かい、そこからさらにフランスのヴォージュ県にあるコントレクセヴィルへと移動する。

現在、ミネラルウォーター「コントレックス」で有名な、カルシウムとマグネシウムが豊富な自然水が湧き出るその地では、十九世紀後期からすでにボトル入りの水を販売していた。そこが気に入って何度も滞在したことがある大公夫人は、コントレクセヴィルを安住の地とする。

けれども、長い亡命の旅で疲れきっていた大公夫人は体調を崩し、一九二〇年九月六日にその地で六十六歳の生涯を閉じ、子供たちに見守られながら埋葬された。

彼女は自分の運命を予知していたかのように、革命前に自分と子供たちのために、コントレクセヴィルに礼拝堂を作らせていたのだった。

大公夫人は生前に遺言を準備しておいた。それに従い、彼女がコレクションしていた目を見張るばかりのジュエリーは、子供たちに譲られた。その多くはカルティエの作品だった。

宝飾品はウラジーミル家が暮らしていたロシアの首都、サンクトペテルブルグのウラジーミルスキー宮の金庫の中に隠してあった。あまりにも巧妙に隠していたために、革命派も気がつかず金庫の中のジュエリーはすべて無事だったのだ。

親しい友人であり外交官だったイギリス人、アルバート・ストップフォードが大公夫人の許可を得て宮殿に行き、難を逃れたジュエリーをロンドンに運んでおいたので、大公夫人の遺言は希望通りに実施され、四人の子供たちに譲られた。

長男キリルはパールのジュエリー、次男ボリスはエメラルド、三男アンドレイはルビー、そしてギリシャ王子ニコラオスに嫁いだ一人娘のエレナにはダイヤモンドをと、ジュエリーの大愛好家だったウラジーミル大公夫人らしい遺言だった。

大公夫人が格別な愛着を持っていた、カルティエ製のダイヤモンドとパールのティアラもエレナの手に渡った。一九二一年にそのティアラをエレナは手放す決心をし、イギリスのメアリー王妃が購入、そのときからイギリス王家所有となり、現在はエリザベス女王が着用している。

連のパールとダイヤモンドをあしらった
シア帝国の紋章である
頭の鷲のチョーカー。首にぴったりと
ィットするデザインは、
ドッグカラー」チョーカーとも呼ばれた。
artier Archives©Cartier

72、73ページのネックレスを
着用するウラジミール大公夫人
（マリア・パヴロヴナ）。
1900年にパリのカルティエを訪れ、
オーダーしたネックレスは、
大公夫人のお気に入りのひとつだった。

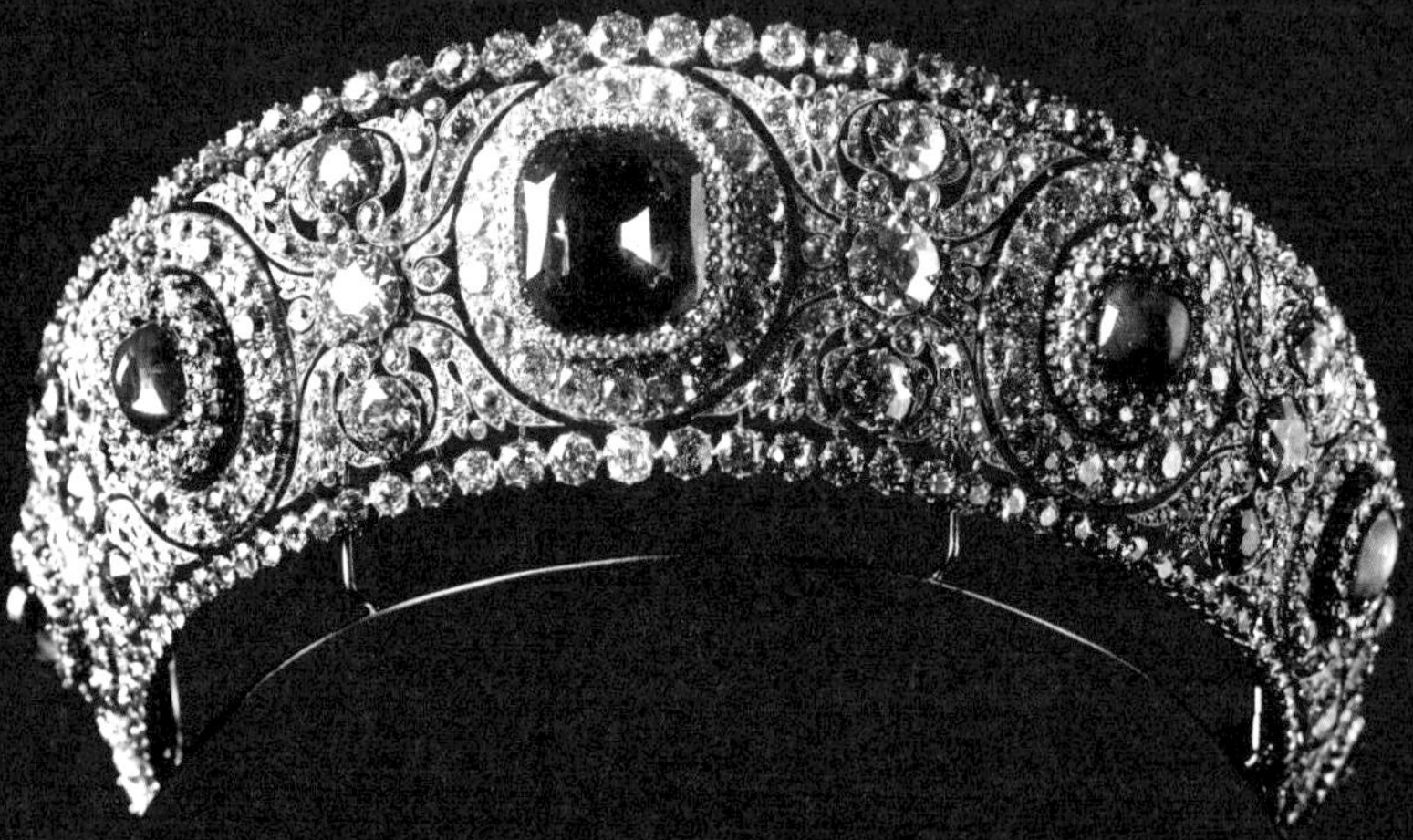

写真右:ウラジミール大公夫人がオーダーした、
37.2カラットのサファイアを
中心に両サイドに6個の
サファイア・カボションが
並ぶ豪華な
「ココシュニック」ティアラ。
写真左:ウラジミール大公夫人愛用の
エメラルドネックレス。
Cartier Archives©Cartier

ロシアの最後の皇帝となる
ニコライ２世。
カルティエを王室御用達に認定した。
写真左:1912年、パリ市議会より
ニコライ２世に贈られた
カルティエ製のイースターエッグ。
The Metropolitan museum of Art, New York

「ポーラースター」ダイヤモンドも
ユスポフ家の持ち物だったが、
革命後、ピエール・カルティエに売却。
その後、ネックレスに付けられた。
Cartier Archives©Cartier
写真左：名門貴族であり、大富豪である
フェリックス・ユスポフ公と
妻イリナ。ロマノフ王家よりも財産を
もっていたことで知られる。

1908年に作られた
「ココシュニック」ティアラ。
15個のペアシェイプダイヤモンドが
優雅に揺れるように
セッティングされている。
Nick Welsh, Cartier Collection©Cartier

メアリー王妃は歴代のイギリス王妃の中でもっともジュエリーを愛した人で、ロシア革命で亡命した貴族たちから多くの宝飾品を買っている。

ロシア皇帝アレクサンドル二世の三男、ウラジーミル大公と結婚しその夫人になったマリア・パヴロヴナは、北ドイツにあったメクレンブルク＝シュヴェリーン大公国の君主、フリードリッヒ・フランツ二世の娘として一八五四年五月十四日に生まれた。大公と結婚したのは一八七四年八月二十八日だったが、本来はその三年前に嫁ぐはずだった。けれどもドイツ・プロテスタントの主流のルター派のマリアが、結婚のためにロシア正教に改宗することを拒否していたために、皇帝から結婚の許可を得られないでいたのである。結局折れたのは皇帝で、マリアはルター派を維持しながらロシア正教の大公に嫁ぐ。後年に彼女は夫の宗教に改宗するが、それは息子たちの将来を思ってのことだった。

このようにマリアは自分をしっかり持った女性で、野心家で、決断力もあり、行動的で、相手が誰であろうと意見を述べる勇気も持っていた、新しいタイプのロマノフ家の人だった。

夫ウラジーミル大公も妃に負けないほどの野心あふれる人物で、父の跡継ぎは、内向的で社交も苦手な兄アレクサンドルよりも、軍事にも長《た》けたこの自分の方がはるかに適していると、あからさまにしていた。そのために兄弟仲は良くなかった。それに輪をかけたのが妃マリアだった。夫が皇帝になれば自分には皇后の地位が授けられる。それこそ自分にふさわしいと、夫と同じ考えに取り付かれる。

結局、夫はその夢を実現することもなく一九〇九年に世を去ったので、それ以後は息子に期待をかけるようになったのである。

ウラジーミル大公夫妻は美術品を収集し、美味を愛し、華《はな》やかな生活を好み社交家だったので、彼らが住んでいた宮殿には、文芸家や名士が多数集まり、その女王的存在の大公夫人は眩《まぶ》しいほどに着飾っていた。

彼女が特に夢中になっていたのはジュエリーだった。華やかな顔立ちの大公夫人には華やかな宝飾品がよく似合い、それはヨーロッパの王侯貴族の羨望《せんぼう》を集めていたほどの逸品ばかりだった。

彼女はパリに頻繁《ひんぱん》に行っていた。パリは多くのロシア人にとって憧れの街だったのである。大公夫人の主な目的はラペ通りのカルティエのブティックに立ち寄ることだった。そうしたときには、ルイ・カルティエが出迎えていた。

カルティエが選ぶ貴石にも、デザインにも、それを実現する類《たぐ》い稀《まれ》な技にも心底から傾倒していた彼女は、カルティエがそれまでのイタリアン大通りからラペ通りに移転した一八九九年の翌一九〇〇年に、早くも訪れている。そのときから大公夫人のオーダーは、途切れることはなかった。彼女のジュエリーを見るだけで、当時のカルティエのスタイルの変化を辿《たど》ることができるほどである。

大公夫人がブティックを訪れた一九〇〇年にカルティエが製作したのは、首にぴったりと馴染《なじ》むチョーカーで、六連の粒の揃ったパールと、ダイヤモンドをちりばめた留め金の作品だった。その留め金のモチーフは、ロシア帝国の紋章である双頭の鷲の頭上に王冠を抱くものだった。エレガンスと権威を持ち合わせるこのチョーカーは、大公夫人が頻繁に着用するジュエリーのひとつとなっていった。

カルティエに心酔していた彼女は、ロシアに進出することを強く勧める。

それが二ヶ月間の展示会という形式で実現したのは一九〇八年暮だった。その会場となったのは、サンクトペテルブルグに流れるネヴァ川のほとりの、エルミタージュ美術館に隣接するウラジーミル大公夫妻所有の豪奢《ごうしゃ》な宮殿だった。

この展覧会のためにカルティエが準備した宝飾品は、魂を大きく揺り動かすほどの秀作ばかりだった。ダイヤモンドとルビーのネックレスもあったし、きめ細かなレース編みのようなネックレスもあった。プラチナの腕時計と置時計は三十五個にものぼった。

皇帝夫妻もこの展覧会に出席し、数点のジュエリーを購入した。展示会は瞬《また》く間に大評判を呼び、多くの貴族たちも足を運んだ。フランス美術工芸品の水準の高さに刺激された彼らの中には、パリのカルティエ本店にまで出かけた人がいたほどだった。

大公夫人はこの大成功を心から喜び、サンクトペテルブルグに本格的な支店を出すことをルイ・カルティエに提案する。けれども父アルフレッドの助言もあり、ルイは迷った末にそれを思い留まる。

このときのこの決断は、正しかった。鋭敏な感覚の持ち主であるカルティエ家の人々は、当時ロシア国内で起きていた出来事を冷静に捉えていたのだ。社会主義者や自由主義者が運動を広げ、不穏な空気が漂っているのを素早く察知し、行く末を案じて支店開設を諦めたのである。

ロシア貴族はラペ通りのカルティエで購入していたし、ピエール・カルティエは一九〇四年に最初にロシアを訪問し友好を結んでいた。それがさらに深まったのは一九〇七年だった。その年に、サンクトペテルブルグの由緒あるグランドホテルヨーロッパで、ロシアで最初の展示会を開催し、その格別なクオリティが高く評価され、同年、ニコライ二世皇帝から御用達の栄誉を授かったのである。一九一二年には、パリ市議会が皇帝に進呈するイースターエッグの製作をカルティエに依頼し、絶賛される。

一方、カルティエがロシアから学んだことも大きかった。そのひとつが、皇帝お抱えの天才デザイナー、ファベルジェが好んで実施していた、ギヨシェと呼ばれる技法だった。きめ細かな線や点を浅く彫り込んで描かれる模様は、幾何学模様が多く、動きがあり、現代的だった。それにインスパイアされた作品を、カルティエは多数発表する。

ココシュニックと呼ばれるティアラもロシアの影響だった。ロシアのフォークダンスに使用されていた「とさか」に似た髪飾りから発案したもので、「とさか」はロシア語で「ココシュ」。そこからこの名が生まれた。

ココシュニックがすっかり気に入ったウラジーミル大公夫人は、一九〇九年に百三十七・二カラットのサファイアを中央に輝かせ、その両サイドに六個のサファイア・カボションが並ぶココシュニックをオーダーした。

この高価なティアラはルイ・カルティエ自身が大公夫人の許に届けた。あまりの素晴らしさに感激した彼女は、その年の暮に、そのティアラに似合う胸飾りとストマッカー（胸元を飾る装身具）を注文したほどだった。中央に百六十二カラットのサファイアが魅惑的な煌《きら》めきを放つ逸品だった。

多くの場合、背の高いフェザーが中央から誇らしげに上に向かっているエグレット・ティアラも、大公夫人のお気に入りだった。特に舞踏会で愛用することが多かった。踊るたびにフェザーがなびき、豪華なソワレドレスと相まって、華やかさを撒《ま》き散らしていた大公夫人だった。

ロシア帝政時代の最後を飾っていたウラジーミル大公夫人は、地上からその華麗な姿を消した。けれども彼女の身を飾っていた格別なジュエリーたちは、その後ヨーロッパの王侯貴族へと受け継がれ、彼女の名とともに今なお語り継がれている。

皇帝以上の資産を誇る美しきユスポフ公夫妻の膨大なジュエリー

ニューヨーク五番街のカルティエ支店を取り仕切っていたルイ・カルティエの弟ピエールが、ロシア最大の富豪フェリックス・ユスポフ公の訪問を受けたのは一九二二年だった。彼は目が眩《くら》むほどの高価なジュエリーをピエールの目の前に次々と並べた。

その中には、飛び抜けた美貌でヨーロッパ諸国の宮廷で名を知られていた母、ジナイダ・ユスポフのブラックパールのネックレスもあった。それはかつて女帝としてロシアに君臨していた、エカテリーナ二世が愛用していたもので、三十のパールからなる稀有《けう》なジュエリーだった。

その他、エカテリーナ二世が所有していた、十七・四七カラットの「雄羊の頭」というパステルピンクのダイヤモンドもあったし、一八〇二年からユスポフ家の秘宝となっていた、マリー・アントワネットが身に着けていた三十四・五九カラットのダイヤモンドを使用した美麗なイヤリングもあった。

特に目を見張ったのは四十一・二八カラットの「ポーラースター」ダイヤモンドだった。クッション型のそのインド産のダイヤモンドは、ナポレオンの兄ジョゼフ・ボナパルトが所有していたものだった。弟がフランス皇帝として権力の座にいたときには、ナポリ王やスペイン王になったジョゼフは、ジュエリーに広い見識を持つ人で、この破格のダイヤモンドを購入していたのだった。けれどもナポレオン失脚に伴い、一八一五年にアメリカに亡命する決心をしたジョゼフが、事前にダイヤモンドを売却し、ユスポフ家の手に渡ったのである。

「ポーラースター」ダイヤモンドは稀に見るハイクオリティで、良質なダイヤモンド鉱山として有名な、インド中南部のゴルコンダで発掘された。それは十八世紀に、ある宝石細工師の見事な技でパビリオンが八角形の星型にカットされ左右対称のダイヤモンドになったのだった。

一九一七年に革命が起きるとすぐに、フェリックス・ユスポフは宝石を国外に持ち出していたので、いくつかは無事だった。それをカルティエに買い上げてほしいとピエール・

カルティエにコンタクトを取ったのである。

「ポーラースター」ダイヤモンドは、その後ロンドンのカルティエに移され、ダイヤモンドとエメラルドのネックレスに付けられた。一九二八年にパリのカルティエ本店でそれを購入したのは、シェル石油会社社長デターディング卿夫人で、カルティエの上顧客だった。彼女が世を去った後クリスティーズによってオークションにかけられ、スリランカの大富豪が購入した。

それ以外に、ユスポフ家のモスクワの宮殿の地下には驚くべき数の宝飾品が隠されていた。それが見つかったのは一九二五年で、大ニュースになった。十三個のティアラと四十二個のブレスレットだけでも、気が遠くなるほどの価値だったが、ブローチの数は二百五十五個にものぼったのである。名画も多数あった。この発見により、ユスポフ家の財産がいかに莫大であり、絵画や宝飾品に魅せられていたかわかる。

ユスポフ家はロシア屈指の名門貴族で、その先祖は、タタールの将軍エディゲで十四世紀からその名を成していた。エディゲはモンゴル帝国の有力者のひとりを先祖とする名将だった。後に彼の子孫がモスクワ大公国と接するようになり、徐々にロシアに同化していく。

勇気と才知に長けたユスポフ家は、時の経過に従って多くの炭鉱や石油鉱脈などを所有するようになり、莫大な資産を築く。経営していた会社は三千もあった。

ユスポフ家に生まれた美貌の誉れ高いジナイダは、結婚相手としてフェリックス・ニコラエヴィッチ・スマローコフ＝エルンスト伯爵を選ぶ。仲むつまじい夫妻の間には男の子がふたり生まれる。ニコライとフェリックス・ユスポフである。

彼らが生まれたときにはユスポフ家は、サンクトペテルブルグとモスクワに豪勢な宮殿を持っていたし、クリミア半島に別荘を、そしてウクライナには膨大な領地を所有し、カスピ海近くの領土は端から端まで二百五十キロメートルもあり、その資産はロマノフ家をはるかに超えていた。

長男ニコライに悲劇が起きたのは一九〇八年で、彼は二十五歳の美しい若者だった。その年のバースディを迎える六ヶ月前のこと。彼は人妻マリアに激しい恋心を抱いた。それは瞬く間に彼女の夫の知るところとなり、即刻決闘を申し込まれ、伯爵であるマリアの夫の剣に倒れたのだった。

それ以後、母ジナイダの愛は次男フェリックスのみに注がれる。

ジナイダは最初の子供が男の子だったので、二番目は女の子を切望していた。けれどもその意に反して生まれたのはまた男の子だった。多少がっかりはしたものの彼女は、フェリックスにドレスを着せたり、ジュエリーで飾ったりして結構楽しんでいた。そのためにフェリックスは大人になっても時々女装をしたり、母のジュエリーを着けたりし、たびたび父の反感をかっていた。

ジュエリー愛好は母の影響だったが、容姿も彼女に似ていてエレガントだった。長身でスリムで、気品ある細長い顔と星のように輝くブルーの瞳は母譲りだった。

ロマンティックな雰囲気と莫大な資産で多くの崇拝者がいたフェリックスが結婚したのは、ニコライ二世皇帝の唯一の姪イリナだった。

華やかな結婚式は一九一四年二月二十二日にサンクトペテルブルグのアニチコフ宮殿であげられた。十八世紀の女帝エリザベータが建築させたバロックのこの宮殿には、イリナの祖父アレクサンドル三世が暮らしていた。

絵に描いたような品格あふれるカップルが、皇帝から受け取ったお祝いはいくつものダイヤモンドのジュエリーで、その多くはカルティエ製だった。

この日、可憐な美しさを放つイリナの豊かな髪にはカルティエのティアラが輝いていた。きれいに並ぶサーキュラーカットのダイヤモンドとプラチナのバンドー・スタイルのティアラで、中央のダイヤモンドは三・六六カラット。シックでパリのエスプリがあり清楚なイリナにぴったりだった。

翌年夫妻に一人娘が生まれ、母と同じにイリナと名付けられた。彼女が生まれたのはユスポフ家のモイカ宮殿で、一八三〇年から一家のお気に入りの居城となっていた。サンクトペテルブルグだけでも、このほか三つの宮殿を持っていたユスポフ家だった。

美術品愛好家で多くの絵画や彫刻などを収集していたユスポフ家が住むモイカ宮殿には、ジュエリーや食器、家具などを含めると四万点もの高価な品があった。天井画も、その下で華やかな輝きを四方にちりばめるシャンデリアも、嘆息を誘わないではおかないほど豪華絢爛たるものだった。

モイカ宮殿が世界中で語られるようになったのは、一九一六年十二月三十日だった。ニコライ二世皇帝と、特にアレクサンドラ皇后の信頼を得ていた祈禱僧《きとうそう》ラスプーチンが、この宮殿で暗殺されたのである。首謀者はフェリックス・ユスポフと、皇帝の従兄弟でユスポフの親友ドミトリー・パヴロヴィチ大公だった。

不治の病を治すと評判が高かったラスプーチンの噂を耳にした皇后アレクサンドラが、血友病だった唯一の息子アレクセイ皇太子の治療のために、彼を宮殿に招いたのは一九〇五年だった。

ラスプーチンの祈禱は効果があったようで、皇太子が快方に向かった。そうなると皇帝夫妻の祈禱僧への信頼は絶対的なものとなり、そのうち多くの宮廷人から、特に貴婦人方からもてはやされるようになる。

やがて政治にまで口をはさむようになったラスプーチンに、帝国の危機すら感じたユスポフとパヴロヴィチが、彼の暗殺を企てたのである。

それを実行する日は一九一六年十二月二十九日と決まった。その場所は、ユスポフのモイカ宮殿にすることも決まった。後は計画を実行するのみだった。

その夜、ふたりはラスプーチンを夕食に招待した。食事には青酸カリが盛られていた。ところが彼は顔色を変えることもなく、全部食べたのだった。驚いたユスポフとパヴロヴィチは、あわててピストルで撃った。それでも息絶えない祈禱僧を引きずりながらネヴァ川に行き、真冬の厚い氷がはった川面を砕いて穴を開け、その中に放り込んだのだった。


ラスプーチン暗殺事件は直ちに皇帝に通告され、ユスポフはサンクトペテルブルグから即刻離れ、彼の領地のひとつクルスクに暮らすよう命令を受ける。

クルスクはロシア南西部にあり、モスクワから四百六十一キロメートルも離れていた。そこで単調な日々を過ごしていたユスポフの元には、ラスプーチン暗殺からわずか三ヶ月後の一九一七年二月に激しい暴動が起き、ニコライ二世が三月十五日に皇帝退位に追い込まれた、という情報がもたらされた。

皇帝退位を知った彼がサンクトペテルブルグのモイカ宮殿に戻ると、ニコライ二世の後を継いで、新時代にふさわしい皇帝になるべきだと、彼に忠実な貴族たちが集まってきた。けれども、猛烈な勢いで反乱が広がっているのを目《ま》の当たりにしたユスポフは、自身の身にも大きな危険が迫っていることを直感的に感じ取り、妻と娘と、母を伴ってクリミア半島の館《やかた》に向かう。が、モイカ宮殿が心配になった彼は再びサンクトペテルブルグに戻り、その際にレンブラントを含む絵を壁からはずし、重要なジュエリーと一緒にクリミアに運んだのである。それが、一九二二年にニューヨークのピエール・カルティエに見せたジュエリーだった。

ユスポフは同じ年の秋に再びサンクトペテルブルグに行く。残りのジュエリーを安全な場所に移すためであった。侍従グレゴリとふたりで、できるだけ多くの宝飾品を隠しながら汽車に乗り、モスクワへ、彼の宮殿へと急ぎ、地下に埋めた。

ところがその地下に巧妙にしまっておいた莫大な価値のジュエリーは、一九二五年に見つかり、すべて没収されてしまったのである。その中にはイリナが結婚式で被ったカルティエのティアラもあった。その後、このティアラの行方はわかっていない。

ユスポフのすべての宮殿、すべての領地、すべての収集品は没収され、名画は現在、エルミタージュをはじめ複数の美術館に展示されている。

ユスポフは家族揃ってクリミア半島に暮らしていた。リゾート地として皇帝や貴族が好んでいた、アイ・トドールにユスポフ家の館もあったのだ。イギリス国王が戦艦マールバラをその地に送り、それに乗船した貴族たちは、幸運にも革命に荒れるロシアから遠ざかることができたのだった。

しばらくの間ロンドンに落ち着いていたユスポフは、一九二〇年にパリに向かい、そこで一九六七年九月二十七日に波乱の生涯を閉じた。

Cartier Royal

第27回　アンティーク　ビエンナーレで披露された数百点に及ぶ
当コレクション。カルティエの伝統が息づく
作品の中から一部を紹介する。

Diamond

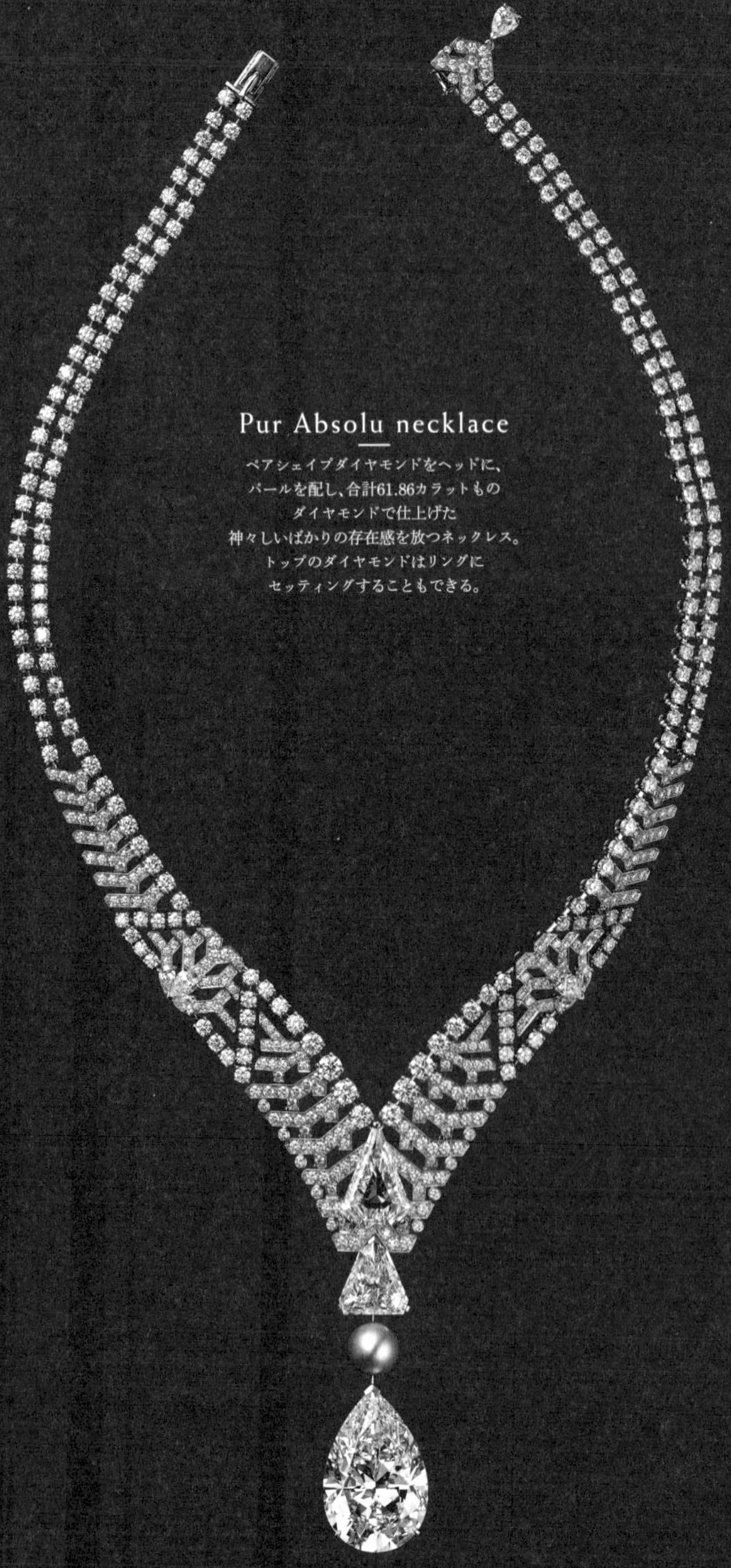

Pur Absolu necklace

ペアシェイプダイヤモンドをヘッドに、
パールを配し、合計61.86カラットもの
ダイヤモンドで仕上げた
神々しいばかりの存在感を放つネックレス。
トップのダイヤモンドはリングに
セッティングすることもできる。

Pure Diamond

天然のダイヤモンドのわずか1%という最高品質を表す
タイプⅡa、しかも30.21カラットという破格の
ペアシェイプダイヤモンド。
ブリリアントカットを施した、その燦然たる輝きは
一瞬にして見る者の心を虜にする力を秘めている。

内部に欠陥のない
無色透明のピュアな輝きを持つ
ペアシェイプダイヤモンドは
ネックレスとしてだけでなく、
台座にセッティングし、
リングとして着用することも。

Ruby

Reine Makéda necklace

力強い輝きをもつアフリカ生まれの深紅のルビー。
この石を主役にマサイ族のネックレスや
マハラジャの妻のチョーカーからインスピレーションを
得て製作されたネックレス。

Bleu-Bleuet ring

29.06カラットのコーンフラワーブルーの
サファイアを中央に
両サイドに大粒のダイヤモンドを添えたリング。
ダイヤモンドがサファイアの
色と輝きを引き立て
このうえない美しさが生まれている。

Sapphire

独特の濃厚な深みを持つ美しいブルーで知られる、
インド・カシミール地方で産出する
サファイア。29.06カラットは、この地域原産の
石としては極めて稀な存在。

Emerald

Viracocha necklace

独特のクッション型が特徴の
26.60 カラットの
コロンビア産エメラルド。
フレッシュな輝きとカットにインスパイアされ
111.15カラットのエメラルドと
12.61カラットのダイヤモンドを使い、
幾何学的なイメージで
仕上げられている。

エメラルドのなかでも
特に美しいといわれるコロンビア産。
明るすぎず、暗すぎず、深みのある
印象的な光を放つ。
クッション型シェイプに合わせた
台座にセッティングしている。

Pearl

Royal tiara

完璧な左右対称のしずく形、まるで
銀のようななめらかな光沢。
歴史上でも有数の美しさを誇る伝説の真珠。
イギリス王室に受け継がれる
唯一無二のパールがティアラとして、
またネックレスとして甦った。

ペアシェイプパール、
クッションカットダイヤモンド、
その他の天然真珠とともに、
セッティングを変えることにより
ネックレスとしても着用できる。

Inde

インド

I

Inde
インド

シン家の宝物
234.65カラットの
イエローダイヤモンド

イエローダイヤモンド「デビアス」を使用した
壮麗なネックレスをオーダーした
パティアラのマハラジャ

カルティエ三兄弟の末っ子ジャック・カルティエがインドへと旅立ったのは一九一一年で、彼は二十七歳だった。一九〇六年からロンドン支店の経営をしていたジャックは、柔軟性があり、社交に長《た》け、努力家だった。

彼がインドに行ったのは、イギリスのジョージ五世がウェストミンスター寺院で戴冠《たいかん》式を執り行ない、イギリス国王に即位。その後、皇后とともに植民地インドに行き、インド皇帝としての戴冠式を行なった年だった。

ジョージ五世の父エドワード七世は、ジュエリーをこよなく愛していた。その上、見識も高く、カルティエのハイグレードな製品をいち早く評価し、一九〇四年に「王の宝石商、宝石商の王」と称し、イギリス王室御用達とした国王である。それ以降、他国の王家も次々とカルティエを御用達にしたのであるから、メゾンの飛躍にとってとても重要な国王だった。

その息子ジョージ五世の時世には、カルティエの名声はさらに隅々まで伝わっていた。ジャックがインドに行ったのはそうした時代で、そのために彼は名だたるマハラジャに会うことができたのだった。

才知に富んだジャックは、このインド訪問に百三十三個のプラチナをあしらったネックレスやストマッカー、ブローチ、多くの時計などを持参していた。マハラジャたちは特に時計に興味を持ち、ダイヤモンドをちりばめたものを買った人もいたし、プラチナや七宝焼きをあしらった時計を買った人もいた。ジャックが持参したプラチナを使用したジュエリーは、インドでは見られないものだった。

彼の兄ルイが、それまで台座に使っていたシルバーの代わりにプラチナを採用したのは、レース編みのように繊細なガーランド・スタイルを思いついたときだった。時の経過に伴い黒ずんでくるシルバーが、その上に並べられるダイヤモンドの良さを損なってしまう。優美なガーランド・スタイルには、多くのダイヤモンドが使用される。その輝きを永遠に維持することはできないものだろうか。

そのときである、それまで加工が難しく敬遠されていたプラチナにルイが注目したのは。彼によってジュエリーに使われるようになったプラチナの混じりけのない光沢は、ダイヤモンドにさらなる輝きと気品をもたらし、人々の賞賛を浴びるようになる。

ジャックがインドで披露したそうしたジュエリーの高貴な輝きは、藩主国を統治するマハラジャたちを圧倒した。彼らは家宝となっていたジュエリーを、プラチナをあしらった新時代にふさわしい宝飾品に作り変えるよう、競うようにカルティエに依頼する。

このようにして、マハラジャとカルティエの絆《きずな》は深まっていったのである。

十七世紀に勢力を増して強力になったシーク教国のパティアラで、アラ・シンが有力な支配者になったのは一七六二年だった。彼の亡き後は息子がマハラジャの称号を引き継ぎ、それ以来シン家が代々統治し、一九〇〇年から一九三八年までマハラジャだったブピンドラ・シンの時世に大きな繁栄を遂げる。

ブピンドラはヨーロッパに憧憬《どうけい》を抱いていた人で、インド人で最初に車と飛行機を持ち、スポーツではクリケットの名手だった。彼の時代に多くの建造物も生まれ、パティアラの繁栄と近代化に重要な貢献をする。

宝飾品に並々ならない興味を抱いていた彼は、カルティエの歴史に残る上顧客だった。〝タンク〟ウォッチが発売されるとその初期に購入し、一九二〇年にはプラチナとダイヤモンド、オニキスを使用したブローチを買っている。エジプトのモチーフの置時計も彼の心を動かした。


すべてにおいて破格だったブピンドラ・シンが、カルティエを驚かせたのは一九二五年だった。彼はシン家の宝物となっていた見事な貴石を多数持参し、それを使用して式典用のネックレスを創作するよう頼んだのである。その中には二百三十四・六五カラットのイエローダイヤモンド「デビアス」があった。

その宝石が発見されたのは一八八八年三月で、南アフリカ共和国のデビアス家所有の鉱山だった。四百三十九・八六カラットのイエローダイヤモンドは、鉱山の名を冠して「デビアス」と呼ばれるようになり、クッション型にカットされ二百三十四・六五カラットになった。カットされたのは、当時、南アフリカ共和国産出の大多数のダイヤモンドを手がけていたアムステルダムだったとされている。

クッション型では世界最大を誇り、カットダイヤモンドとしては世界で七番目の「デビアス」は、シャンドマルスで一八八九年に開催されたパリ万国博覧会に出品され、その際にブピンドラの父、ラジンダー・シンの目に留まり購入されたのだった。そのときから「デビアス」は、パティアラのマハラジャの宝物のひとつになる。

太陽のような輝きを放つ際立った純粋さを誇る類《たぐ》い稀《まれ》な宝石、イエローダイヤモンドを筆頭とし、有力なマハラジャであるシン家に伝わる多くの貴石を預かったカルティエは、アトリエを総動員して創作に没頭し、一九二八年にネックレスを完成させる。

「デビアス」を主役とし、二千九百三十個のダイヤモンド、ビルマ産の鮮やか極まりない二つのルビー、プラチナが相まって前代未聞の豪奢《ごうしゃ》な輝きを放つネックレス。

美麗なガーランド・スタイル誕生以来、ジュエリーに究極のエレガンスをかもし出していた、縁に小粒ダイヤモンドを連続して並べる〃ミルグレイン〃セッティングと、永遠の輝きを放つプラチナを使用してほしいというマハラジャの願いは、完璧に実現された。

そこから煌《きら》びやかに放たれる輝きは、パティアラのマハラジャの、そして同時に、カルティエの栄光を象徴する輝きだった。

ブピンドラ・シンがカルティエに持参した宝石の中には、上等なクオリティの粒が揃《そろ》ったパールとルビーが多数あった。情熱と意思を表現するルビーはダイヤモンドの次に硬い貴石で、インドで特別に評価されていた。それをシン家は数多く保持していた。

マハラジャから預かったのはシン家の家宝となっている宝石である。それにふさわしいジュエリーを創作しなければならない。

カルティエは再び才知をつぎ込んで、ブピンドラが一九〇八年に結婚した妃マハラニのために三点のネックレスを仕上げる。マハラジャの絢爛《けんらん》たるネックレス製作の三年後だった。

三つのネックレスはいずれも、近代を象徴するアール・デコ様式と、パールとルビーを組み合わせるインドの伝統を重んじる様式を融合したジュエリーだった。

けれどもそれはすべて、後年の政変で行方不明になってしまうのである。

二〇〇〇年、パールとルビーの見事なブレスレットのオークションが行なわれた。それを目にしたカルティエは驚嘆する。なぜならそのブレスレットは、ブピンドラの妃マハラニのためにメゾンが製作したネックレスのひとつで、ネックにぴったりと沿うチョーカーの一部ではないかと思えたからである。

驚きは大きかった。喜びも大きかった。

カルティエは直ちにアーカイヴに保存されている膨大な資料を徹底的に調べる。その成果があって、完成後に写したチョーカーの写真が見つかった。これによって、競売にかけられたブレスレットは、マハラニのために、カルティエが製作した作品を作り変えたものであることが判明した。

感動したカルティエは、麗しい彼女がかつて身を飾っていたチョーカーを再現したほどだった。

ドラマが刻まれたそのネックレスは、後年にパリで開催された「アンティーク ビエンナーレ」で展示され、感嘆と賞賛を独り占めにした後、某国のプリンスの手に渡った。

一九三八年にブピンドラが逝去し、息子ヤダヴィンドラがマハラジャになった。父が式典で身を飾っていた、カルティエが作ったカスケードのような流れを見せる絢爛豪華なネックレスを、彼も同じように式典で使用する。

ヤダヴィンドラは父と同じようにスポーツマンで、長年にわたってイギリス支配下のインド・オリンピック委員会会長を務めていた。

時が経ち一九四七年にインドが独立した際の大混乱で、シン家の宝飾品は行方不明になり、かの伝説的なマハラジャのネックレスも何もかも姿を消してしまう。

ヤダヴィンドラは独立後もオリンピック委員会会長を続けていた他、彼がかつて住んでいた城に学校を設立したり、別の城は恵まれない子供たちのヴァカンス・ハウスに提供した。

政治力のある彼は国連インド代表、ユネスコインド代表を歴任し、イタリアとオランダ大使にも任命され、新しい時代を生きるインドのために生涯を捧げていた。

彼が世を去って八年後の一九八二年五月六日、ジュネーヴでサザビーズが開催したオークションが大きな話題を呼んだ。ブピンドラ・シンのネックレスに使用したイエローダイヤモンド「デビアス」が売りに出されていたからである。売り手の名はもちろん匿名だった。競売価格が驚くほどのスピードで上がったにもかかわらず、最終価格は売り手の希望に到達しなかったために引き下げられ、それ以降「デビアス」が姿を現すことはなかった。

一九九八年にはロンドンで、パティアラのマハラジャのネックレスを飾っていた他の宝石のオークションがあり、カルティエは数点購入した。その貴重なオリジナルの宝石に新たな貴石を加え、パティアラのマハラジャのネックレスを再現する決定を下す。

このようにしてカルティエは、シン家の最盛期を飾った、メゾンにとっても記念碑的存在の壮麗なジュエリーがいかなるものであったか、世に知らしめたのである。

そこに記されているフランスとインドの友好と文化の華麗な融合は、今後も何世紀にもわたって美しいオーラの輝きを放ち続けていくにちがいない。

「クイーン オブ ザ ホーランド」ダイヤモンドを主役にしたネックレスにまつわるナワナガルのふたりのマハラジャ

オランダの宝石商F・フリードマンが、一九二五年にパリで開催された万国装飾博覧会に出展したダイヤモンドの輝きは、人々を幻惑させるほど煌びやかだった。その見事なダイヤモンドには、「オランダの女王」という意味の「クイーン オブ ザ ホーランド」という名が付けられていた。

その名称は、百三十六・二五カラットのホワイトブルーの気品ある色を放つダイヤモンドにぴったりだった。

当時オランダはウィルヘルミナ女王の時代だった。父ウィレム国王亡き後女王になったとき、彼女は十歳だった。そのために母エンマ王太后が摂政を行ない、成人に達した十八歳のときに親政を始める。それ以降、一九四八年に唯一の子供ユリアナに王位を譲るまで、五十八年間もの長い間在位していたウィルヘルミナは、国民の信頼と愛を受けていたオランダ女王だった。

そうした女王にちなんで「クイーン　オブ　ザ　ホーランド」と称されたダイヤモンドは、最高の品質で世界に名を轟《とどろ》かせていたインドのゴルコンダ鉱山産出ではないかと推定されている。カットは高度な技術で首位を保っているオランダだった。


このダイヤモンドが売られたのは一九三〇年で、買い手はナワナガルのマハラジャ、通称ランジのジャム・サーヒブ・ランジットシンハジ・ヴィーバジだった。

ナワナガルはインド西部のカティアワール半島を中心とするグジャラート州にあった小国で、その州ではカーネリアンやメノウが産出されていた。インド独立の父と呼ばれる偉大なマハトマ・ガンディーは、このグジャラート州の港町で生まれている。

ランジはイギリスの名門校ケンブリッジで学び、二十代初期にクリケットの名人として名を成す。十六世紀初頭から人気を呼んでいたクリケットは、十八世紀にはイングランドでもっとも人気が高い国民的スポーツとなり、その名手は憧憬の的となっていたほどだった。

三十五歳でナワナガルのマハラジャになったランジは、政治にも長け国際連盟の藩主国代表を務めたりもした。

宝石愛好家でもあった彼は「クイーン　オブ　ザ　ホーランド」ダイヤモンドが放つ、稀に見るホワイトブルーの美しい輝きに抵抗できなかった。それはかの有名な「レジャン」ダイヤモンドに、あまりにもよく似ていたのである。

オルレアン公フィリップが、幼かったルイ十五世の摂政を行なっていた時代に購入したダイヤモンドは、非の打ち所がなく純度がある、最高の輝きを放つ絶品としてヨーロッパの君主たちの羨望《せんぼう》を集めていた。成長したルイ十五世もルイ十六世も戴冠式の際に、さらに皇帝ナポレオンも剣に使用した華麗な歴史を刻む「レジャン」ダイヤモンド。それに匹敵するほどの純度と煌めきを持つホワイトブルーの「クイーン　オブ　ザ　ホーランド」ダイヤモンド。

それを購入したマハラジャはある日、カルティエにコンタクトを取る。ランジは当時ロンドンに滞在していたので、カルティエのロンドン支店を任されていたジャックが彼の接待にあたった。

マハラジャは語る。自分の跡継ぎとなるプリンスのために、式典用の豪奢《ごうしゃ》なネックレスを製作してほしい、と。

カルティエはそれまでにマハラジャからいくつかの宝石を預かっていた。その中には九・五カラットと二十二・九七カラットのふたつのピンクダイヤモンドがあり、二十六・

二六カラットのブルーダイヤモンドがあり、無数の無色のラウンドダイヤモンドがあった。それにジャックはメゾンが保持していたオリーヴグリーンのダイヤモンドも加えることにする。

グリーンのダイヤモンドは非常に希少な宝石だった。十八世紀に栄華を誇っていた、ポーランド国王アウグスト三世ことザクセン選帝侯アウグスト二世が、オランダの宝石商から買い上げた四十一カラットのものが特に素晴らしく、彼はイギリス国王ジョージ一世に自慢げに見せたりしていたほどだった。彼の居城ドレスデン宮殿に二百年もの間展示されていたので、「ドレスデン・グリーン」と呼ばれている絶品である。

イギリス国王もグリーンダイヤモンドを持っていたが、六・四カラットの小粒のものだったと記録されている。

このように貴重なグリーンのダイヤモンドを、カルティエはカイロの宝石商から入手した。もとは十七・五カラットあったダイヤモンドはオランダでカットされ十二・八六カラットになり、それをマハラジャに依頼されたネックレスにつけ、「クイーン　オブ　ザ　ホーランド」ダイヤモンドを主役とする、豪華絢爛たるネックレスが実現した。

二連のラウンドダイヤモンドを淡いピンクのダイヤモンドが二箇所で繋ぎ、センターから下に向かうペンダント部分にピンクダイヤモンド、ブルーダイヤモンド、世界でもっとも美しいと言われる大きめのピンクダイヤモンド、その下に、「クイーン　オブ　ザホーランド」ダイヤモンドが、さらにオリーヴグリーンのダイヤモンドが続き、最後をピンクダイヤモンドが飾るネックレス。それは、ジュエリー史上例がないほどの品格と華やぎを放つ珠玉の作品だった。

それ以前にカルティエはマハラジャ・ランジのために、彫刻を施したエメラルドと六連のパールを組み合わせたネックレスを作った。また最大七十・二四カラットを含む合計二百二十四・〇八カラットのエメラルドと、円形や長方形にカットしたダイヤモンドのネックレスも製作していた。

多くのエメラルドをコレクションしていた彼は宝石の達人で、ジャック・カルティエに「その質は世界で類のないほど見事なもの」と言わせたほどだった。

エメラルドの歴史は長く、紀元前三世紀のギリシャの哲学者テオプラストスが、紅海近くの砂漠でエメラルドが発見されたと書いている。クレオパトラも愛した宝石として知られているエメラルド、当時は視力の回復に効果があるだけでなく、万病に効く医薬品とされていた。

インドではヒンドゥー教の最高神のひとりヴィシュヌのネックレスの中にエメラルドがあったと伝承されている。大地を象徴し、生命にいい栄養を与え長寿をもたらすとされていたエメラルドは、中世になると未来の予言をするとか、お守りとしての力があるとか、繁栄や富を運ぶと語られるようになる。

このように数多くの恩恵をもたらすエメラルドに、インド人は彫刻を施していた。インド北部にあるジャイプールは「宝石の町」と呼ばれているように、貴石の研磨に優れていて、マハラジャたちはそこでさまざまなモチーフの彫刻をさせたエメラルドを所有していたのだった。

クリケットと豪奢な宝飾品で名が語られていたマハラジャは、一九三三年四月二日に故郷のグジャラート州にあるジャムナガール宮殿で六十歳で世を去った。

ランジの後を継いだのは養子として迎えた甥、通称ディグビジェイシンハジだった。彼の父の末弟がランジである。ディグビジェイシンハジのジャム・サーヒブ・ディグーバも叔父と同じようにイギリスで教育を受け、その後イギリス軍隊で目覚ましい活躍をしていた。

叔父亡き後、ナワナガルのマハラジャに就任したディグーバは、一九三五年三月七日に結婚する。彼はその日、叔父の依頼でカルティエが製作した「クイーン　オブ　ザ　ホーランド」ダイヤモンドがこの上ない華麗な輝きをちりばめるネックレスを着けていた。そ

カルティエ ロンドンが
作ったエメラルドと
ダイヤモンドのネックレスを
着用するナワナガルのマハラジャ、
ジャム・サーヒブ。(1935年頃撮影)
右の写真でジャム・サーヒブが
着用している1926年製作のネックレス。
メインの6個のエメラルドは合計で
224.08カラット。
ともにCartier London Archives©Cartier

写真右:パティアラのマハラジャ、
ブピンドラ・シン一家。
写真左:右上の写真で、ブピンドラ・シンの妻、
パティアラのマハラニが
着けているネックレス。
ルビー、パール、ダイヤモンドを
ふんだんに使用した
豪華なもので、製作は1931年。
Cartier Archives©Cartier

写真右：パティアラのマハラジャ、ブピンドラ・シンのために
カルティエが1928年に製作したセレモニー用ネックレス。
プラチナの土台に、2930個のブリリアントカットのダイヤモンド、
2個のルビー、そして「デビアス」ダイヤモンド
（234.69カラット）があしらわれている。
Nick Welsh, Cartier Collection©Cartier
写真左：ニューヨーク ヘラルド紙に掲載された
ブピンドラ・シンの息子、ヤダヴィンドラ・シンのポートレート。
父が1928年にカルティエに製作を依頼したネックレスを着用している。
Cartier Archives©Cartier

Projet No 3
FINAL PROJET ACCEPTED
Round DIA NAVETTES STOCK.
Jam Saheb's necklace
JAM'S PINK 9.50
STOCK RING
Jam Saheb's necklace
13.99 JAM'S LOOSE STONE
JAM'S LOOSE STONE
13.58
Jam Saheb's necklace
JAM SAHEB necklace
JAM'S OWN STONES
GREEN DIA SUPPLIED 12.86
TREFOIL STOCK RING
PINK DIA 15.62 STOCK

写真右：1931年、ジャック・カルティエは、
ナワナガルのマハラジャのために、
「クイーン　オブ　ザ　ホーランド」と
呼ばれる136.25カラットの
ダイヤモンドをはめ込んだ
ネックレスを製作した。
Cartier London Archives©Cartier
写真左上：カプールタラのマハラジャ、
ジャジット・シンの
ターバン用オーナメント。
合計254.83カラット、全19個の
エメラルドが使用されている。
Cartier Archives©Cartier
写真左下：ジャジット・シン（右）と
ブピンドラ・シン。
ふたりともターバンに豪華な
オーナメトを着けている。

プラチナにルビー、エメラルド、
サファイア、そしてダイヤモンド。
これまでにない色の組み合わせによる色彩豊かなジュエリー。
インドのジュエリーにインスパイアされたトゥッティ フルッティは
カルティエを代表するスタイルの
ひとつとなっている。
Cartier Archives©Cartier

れはナワナガルのマハラジャにふさわしい姿だった。

祖国を発展させようという叔父の遺志を引き継いだディグーバは、宝石への熱い情熱もそのまま受け継いでいた。

そうした彼がカルティエにビルマ、現在のミャンマー産出のルビーと、ダイヤモンドを使用した、新時代を象徴するコンテンポラリーなネックレスをオーダーする。一九三七年、ディグーバが四十二歳のときで、マハラジャ就任後四年目のことだった。色鮮やかなルビーはマハラジャに愛されていた宝石のひとつだった。

紀元前数千年の青銅器時代からあったとされている赤い石が、ルビーと呼ばれるようになったのは中世で、ラテン語で「赤」を意味する「ルベウス」という言葉に由来している。インドではルビーの粉は秘薬として使用されていた時代もあった。

ルビーは産出される場所が限定されているし、大きさも限られているために、非常に貴重な宝石だと大切にされている。最高品質のルビーは、ミャンマーのモゴクの谷で採集される「ピジョン・ブラッド」で、深みのある赤と透明度が高いことで絶賛されている。残念ながら現在はほとんど市場に出ていない。

インドで「宝石の王」と称されていたルビーを多数手にしていたディグーバからネックレスの製作の依頼を受けたカルティエは、再びジュエリー史に残る逸品を生み出した。十五個の大きなルビーをバゲットカットのダイヤモンドが取り囲み、それより多少小さめのクッションカットと楕円形のルビーの周囲には、バゲットカットやブリリアントカットのダイヤモンド飾りが施された。ネックレスのセンター部分の先端には、五角形のルビーをあしらい、それと同じ五角形の二つのルビーを背中の留め金に施した。

百十九個のビルマ産ルビー、八十一カラットのダイヤモンド、そしてプラチナとイエローゴールドが煌めくネックレス。それは、幻想的世界の縮図だった。現実をはるかに超える夢の世界が、そこに貴石で華麗に実現されていた。このネックレスをカルティエは二〇〇四年に買い戻し、丁寧に修復し売却している。このようにカルティエは、歴史的に重要なジュエリーの存命を怠ることはない。

パティアラのマハラジャとナワナガルのふたりのマハラジャのために、カルティユが製作した豪奢なネックレスは、インドとフランスの間の絆がいかに深かったかを語る、煌びやかな証人なのである。

「王の宝石商」ならではの、記憶の奥に長年にわたって生き続ける比類のないジュエリーだった。

カルティエがインドのマハラジャにもたらしたものは大きかった。それと同時にインドからカルティエが学んだり影響を受けたことも大きかった。

「狂騒の時代」と呼ばれた一九二〇年代は、豊かで幸せな日々が続き毎日が祭典のようだった。軽やかで動きやすい服装でチャールストンを朝方まで踊り続け、享楽を満喫していた。

そうした時代に人気があったのは、ロングネックレス、ソートワールだった。体の動きにつられてゆらゆらと踊るそのジュエリーは、女性に快適な開放感を与えていた。ソートワールはマハラジャが身に着けていたジュエリーからインスピレーションを受けたものだった。

ルビー、エメラルド、サファイヤの豊かな色彩の宝石が相まって、まるで熟れた果実のように楽しさ、喜び、幸福感を発散するジュエリーは「トゥッティ　フルッティ」と称され、一九二〇年代から一九三〇年代にもてはやされた。その豊穣とさえ言える大胆な色の配合もまたインドの影響だった。

このように、カルティエとインドの交流は多くの実を結び、お互いに新たな展開を形あるもので示し、ジュエリー史に華を添えたのだった。

Espagne
スペイン

E

Espagne《スペイン》

7つの大粒パール
ダイヤモンドと
プラチナのティアラ

国王アルフォンソ十三世と
ヴィクトリア・ユゥジェニー王妃の時代を象徴する
典雅なティアラと「ミステリークロック」

イギリス国王エドワード七世が、カルティエを「王の宝石商、宝石商の王」と称し王室御用達にした一九〇四年に、スペイン国王アルフォンソ十三世も同様にカルティエを御用達にした。それ以降ポルトガル、ロシア、シャム、セルビア、ベルギー、エジプトなど多くの王家御用達となり、画期的な飛躍を絶え間なく遂げていたカルティエだった。

アルフォンソ十三世は父アルフォンソ十二世が亡くなった約六ヶ月後に生まれた。そのために生後直ちに国王になり、母マリア・クリスティーナの摂政の許で育っていった。彼が自ら国を治めるようになったのは一九〇二年で十六歳だった。

カルティエを王家御用達とした翌年一九〇五年、十九歳のアルフォンソはロンドンに向かった。結婚相手としてふさわしいとされていた、美貌の誉《ほま》れ高いパトリシアに会うのが目的だった。彼女はヴィクトリア女王の三男コート=ストラサーン公アーサー王子の娘で、軍人だった父の就任に伴って、インドやカナダで育ち、水彩画の達人でもあった。

ところがアルフォンソの心を動かしたのは、バッキンガム宮殿で催された晩餐会《ばんさんかい》で出会ったパトリシアの従妹のヴィクトリア・ユゥジェニーだった。彼女の母はヴィクトリア女王の五女ベアトリスで、父はドイツ貴族バッテンバーク公子だった。

長女として生まれた彼女は、洗礼の代母となったヴィクトリア女王とナポレオン三世の妃ユゥジェニーの名にちなみ、ヴィクトリア・ユゥジェニーと名付けられた。親しい人は彼女をエナの愛称で呼んでいた。

エナは兄や弟と一緒に、バッキンガム宮殿でヴィクトリア女王の手元で育てられていた。それは女王が、エナの母である末っ子のベアトリスを手放したがらなかったからだ。ベアトリスはヴィクトリア女王の有能な秘書で、女王が綴《つづ》っていた日記の編集にも携《たずさ》わっている。

姉アリスの結婚式で出会った新郎の弟、ハインリヒ・モーリッツ・バッテンバーク公子に恋したベアトリスは、望んだ通りに彼と結婚する。けれども、結婚後も女王の近くに暮らすという条件付きで許可が出たのだった。軍人の夫は不在がちで、結婚から約十年後に戦地でマラリアにかかり世を去る。

一方、ベアトリスは血友病保因者で、それが後にスペイン王妃になった娘に不幸を招く。

ひと目ぼれしたアルフォンソとヴィクトリア・ユゥジェニーの結婚式は、出会いから一年も経たない、一九〇六年五月三十一日にマドリッドのサン・ヘロニモ・デ・レアル教会で執り行なわれた。アルフォンソは二十歳でエナは十八歳だった。それ以前にエナはイギリス国教からスペインの宗教カトリックに改宗していた。

開きかけた花のような初々しさが満ちるエナは、シルバーの刺繡《ししゅう》が施された純白のサテンのウェディングドレスに幸せな身を包み、ダイヤモンドのティアラとネックレスで光の国の王妃のように煌《きら》めいていた。

ところが、思いもよらない出来事がふたりを襲ったのである。厳粛な式が終わり、満面の微笑を漂わせ、群集の歓呼に応《こた》えながら王宮に向かっているとき、無政府主義者マテオ・モラレスが国王夫妻の馬車に爆弾を投げ込んだのである。爆弾は彼が手にしていた花束の中に隠されていた。数人の犠牲者が出たが、アルフォンソとエナは奇跡的に無事だった。不吉な出来事に見舞われたが、エナはその後の予定を落ち着いてこなしたし、翌日の闘牛見物でも凜《りん》とした姿勢を保ち、若い年齢にもかかわらず立派に王妃の役割を果したのだった。

結婚の翌年に皇太子が生まれ国が喜びに沸いていたものの、血友病の保因者であることが判明し、喜びは不安に変わり、その責任は王妃に押し付けられた。その後成人となった皇太子は静養先のサナトリウムで出会ったキューバの女性と貴賤《きせん》結婚し王位継承権を放棄、三十一歳で両親に先立って世を去る。

皇太子が生まれた頃、カルティエは宝石をあしらった花の置物を多数製作していた。一九〇七年の記録によると、三十七点もの植物の作品があり、後にアルフォンソ十三世も購入したとなっている。

透明のガラスケースに入れられた宝石の花には、チューリップやあじさい、アイリス、シクラメン、ゼラニュームなどがあり、自然が創造しえない、そして決して朽ちることのない美しい姿を誇っていた。

国王が結婚前からカルティエの顧客だったように、エナも独身時代からカルティエのジュエリーを好んでいた。そうしたふたりは一九一〇年にイギリスに向かう前にパリに立ち寄り、連れ立ってラペ通りのカルティエ本店を訪れている。

フランス王朝の最盛期を華々しく飾ったブルボン家の血を引き継いでいるスペイン・ブルボンの国王夫妻が、パリのカルティエ本店を訪れることは、群集が集まるほどの大イベントであり、カルティエにとって名誉なことだった。

ヴィクトリア・ユゥジェニー王妃がカルティエにティアラをオーダーしたのは一九二〇年だった。七個の大粒のパールを生かすデザインで、ダイヤモンドとプラチナをあしらったそのティアラは、厳《おごそ》かさと優美さの美しい融合があり、王妃は晩年に至るまで重要な行事のたびに被っていたほどのお気に入りだった。パールは取り外せるような工夫がなされていて、エナはドレスに合わせてエメラルドに代えることもあった。このティアラは代々スペイン王家に引き継がれていく。

サッカーが好きな国王によって、一九〇〇年代初期に生まれたクラブをロイヤル・マドリッドという意味の「レアル・マドリッド」と名称を変えたのも、王妃がティアラを発注したのと同じ年だった。国王の支援を受け、クラブの象徴にブルボン家の王冠を加え、それが刺激となり強力なサッカークラブに成長し、現在もワールドカップなどで華々しく活躍している。

アルフォンソ十三世はまたスペインの観光開発に力を入れ、首都マドリッドに豪奢《ごうしゃ》なホテルを建築させただけでなく、各地に点在する歴史的建造物を改造してホテルとした、パラドールと呼ばれるホテルチェーンの創立者でもある。現在そのパラドールは九十四もあり、歴史と文化に包まれての滞在を味わいたい人々の絶賛を受けている。

国王が多くの瀟洒《しょうしゃ》なホテル建設を思い立ったのは、エナとの結婚の際に、外国からの招待客を迎える十分な宿泊場所がないことに気が付いたからだった。

彼はこのように先見の明があり、実行力のある国王だった。それに加えておしゃれが上手でダンディな人でもあった。カルティエに多くのカフスボタンを注文していたのはアルフォンソ十三世だった。

結婚後二十年ほど経った一九二七年、王妃はカルティエの画期的な置時計を購入した。時計の生命とも言えるメカニックは一切見えず、二本の針が宙の中に浮かんでいるかのように漂い、それでいて正確に時を刻んでいるという不思議な置時計だった。

時計は人が作り出した機械である。それにもかかわらず、無色透明のクリスタルの上につけられた長針と短針は、まるで地上の機械文明とはまったく関係ないかのように、神秘的に、優雅に時を告げているのである。「ミステリークロック」と呼ばれるその置時計は、カルティエが長い年月を費やして開発した「時を刻むアート」だった。

カルティエが時計に強い関心を抱き、本格的にその製作にあたるようになったのは、三代目のルイ・カルティエの時代からだった。それまでは主に懐中時計を専門店から購入し、それにオニキスや七宝の細工などを施して販売していた。

その代表作は一八七三年のエジプトをテーマにした懐中時計で、ゴールドのエジプト風頭像、ダイヤモンド、ルビー、カメオが使用され、その先端に時計があるというゴージャスで精巧な作品だった。その他、ルイ十六世様式や、ネオ・ゴシック様式もあった。

高尚な味わいを放つそうした懐中時計を取り出して時刻を確認する殿方たちの姿は、パリが繁栄し華やぎに満ちていた当時の良き時代、ベル・エポックにぴったりだった。

常に世の先取りをする革新の人ルイ・カルティエは、懐中時計だけに留まっているわけにはいかなかった。彼の飽くなき創造性は科学と芸術が一体化し、美しく、上質なインテリア製品ともなりえる置時計を製作することに集中する。

その熱意はやがて形となって現れ、きめ細かなギョシェ彫りを施した置時計が生まれ、ダイヤモンドやプラチナ、シルバー、クリスタル、あるいは珊瑚《さんご》、カボションエメラルド、真珠貝をあしらった置時計も誕生した。それは時計という実用的要素をはるかに超える芸術性の高いオブジェだった。

才能豊かな二十八歳の若者モーリス・クーエの協力を得たカルティエは、それを境として置時計のさらなる飛躍を遂げる。

祖父の代から時計のエキスパートとして評価されていたクーエ家の三代目モーリスは、光と目のイリュージョンを巧妙に生かして、時計の機能の基である機械を完全に忘れさせながら、長針と短針に時刻を知らせるミステリアスな時計に早くから大きな興味を抱いていた。

彼は十九世紀半ばに最初のミステリークロックを考案したと言われているロベール＝ウーダンの時計や、その他の専門家の作品も多数研究し、彼なりの理念と技術を持っていたのだった。

一九一一年にカルティエと独占契約を結んだクーエはそれ以降、時計と宝石が相まって生む、芸術性あふれる美術工芸品としての置時計を製作し続ける。

一九一九年にはカルティエ用のアトリエをオペラ座裏手のラファイエット通りに設け、三十人もの専門家が働いていた。時計のメカニックを担当する人、ギヨシェや七宝の加工をする人、金銀による装飾を担当する人など、経験を積んだ熟練の専門家ばかりだった。彼らは皆、カルティエの名にふさわしい置時計製作に情熱のすべてを捧げていた。

クーエによる「ミステリークロック」の大きな秘密は、長針と短針を別々のクリスタルの円盤につけていることにあった。針がつけられているそれぞれの円盤の縁には細かい細工の歯車があり、それが見えない箇所に巧みに設置された時計の歯車によって動くのである。目に留まるのは透明の盤面の上につけられている針だけなので、まるで何の動力もないようであるにもかかわらず、刻々と時を告げているとしか思えない。

クリスタル製のどこまでも透明で清浄な空間を、二本の針が優雅に浮遊しながら正確な時を告げ、しかも宝石を随所に施した感性に強く訴える美もある置時計。ルイ・カルティエが切望していた通りの科学とアートの融合が眩《まぶ》しいほど輝いている「ミステリークロック」は、カルティエが創立以来守り続けている革新性の現れだった。

全工程が手作りの「ミステリークロック」の製作には一年近くかかる。最盛期は一九一二年から一九三〇年で、約九〇点ほど作られたとされている。そして今日もなおカルティエは「ミステリークロック」を生み出し続けている。

ヴィクトリア・ユゥジェニー王妃が購入したのは一九二七年の作品で、台座に王冠が記されている逸品だった。

無色透明のロッククリスタルの八角形の盤面には、龍のモチーフのローズカットのダイヤモンドとプラチナによる長針と短針がつけられている。盤面を囲むチャプターリングにはブラックエナメルとイエローゴールドが使用され、そこに十二のローマ数字が描かれている。その数字にも針と同じようにローズカット・ダイヤモンドとプラチナが用いられている。チャプターリングの縁取りをしているのは整然と並ぶ珊瑚とイエローゴールド。

スペイン王妃が購入したこの八日周期のムーブメントの「ミステリークロック」は、カルティエの卓越した創造性を世に告げる重要な証のひとつと言える。

アルフォンソ十三世の時世は社会改革を求める声が高まり、たびたび混乱が生じていた。国王は王権を維持するべく努力を重ねていたが、一九三一年四月十二日の選挙では、共和制支持が圧倒的に多かった。四月十四日には早くも首都マドリッドで共和制が宣言され、国王は退位し、これにより、スペイン・ブルボンの立憲君主制は終わりを告げる。

アルフォンソ十三世が自ら退位したのは、王党派と共和派の間で起きるであろう市民戦争を避けるための、国と国民を愛する賢明な判断だった。それ以降、王家の人々は亡命生活を送ることになる。国王はフランスの軍艦でマルセイユに行き、しばらくフランスに暮らした後、ローマへ向かう。

一方スペイン国内ではフランコ将軍がクーデターを起こし、一九三六年にスペイン元首

1962年５月14日、
スペイン国王フアン・カルロス１世と、
ギリシア国王王女、
ソフィア王妃の結婚式。
美しく、華やかな
ロイヤルウエディング。

写真右:1922年、ラペ通り13番地の
カルティエ パリに
来店したスペイン国王アルフォンソ13世。
写真左:アルフォンソ13世の妃、
ヴィクトリア・ユッジェニー王妃も
カルティエ パリ本店の
常連客であった。
写真は1922年の来店時のもの。
ともにCartier Archives©Cartier

Cartier
London W
175-176

写真右:アルフォンソ13世と
ユッジェニー王妃。
写真左:ユッジェニー王妃が
1927年に時を刻む
アートともいわれる、
ミステリークロックを購入。
Nick Welsh, Cartier Collection©Cartier

写真右：ソフィア王妃が公式なシーンで着用することの多い
ティアラは、ファン・カルロス1世の祖母である、
ヴィクトリア・ユッジェニー王妃のために作られたもの。
写真左：1920年にカルティエに特注した7つのパールをあしらったダイヤモンドの
ティアラを着けた、ヴィクトリア・ユッジェニー王妃。
160ページ：2014年にファン・カルロス1世が退位し、フェリペ皇太子が
新国王に即位したが、いつも変わらず、
ソフィア王妃の笑顔は国民の人気を集めている。

となった。

アルフォンソ十三世とヴィクトリア・ユゥジェニー王妃は、そうした激動を生きている間に別居するようになり、エナはひとりで故郷イギリスに戻る。けれども彼女が王妃だったスペインにおけるフランコの独裁を懸念するイギリス政府により出国を求められ、スイスに向かいローザンヌ近郊の城館を購入し、そこを安住の地とする。

第二次世界大戦最中の一九四一年、ローマに暮らしていたアルフォンソ十三世は、名目上とはいえ王位を四男ファンに譲った。彼は知っていたのだ、残された命がわずかしかないことを。その年の二月十二日に最初の心臓発作に襲われたアルフォンソ十三世は、二十八日、四十五年間王座にいた五十四歳の人生を閉じた。

父アルフォンソ十三世から王位を譲られたファンはバルセロナ伯爵の称号を持ち、ブルボン・シチリア家のマリア・デ・ラス・メルセデスと結婚し、父の亡命に伴いローマに暮らしていた。夫妻の間には四人の子供が生まれた。

スペインで実権を握っていたフランコは、自由主義的思想の持ち主であるファンに警戒心を抱いていて、彼が生まれ故郷スペインに戻ることは拒否し続けていた。けれどもローマで生まれたファンの長男ファン・カルロスには好意的で、フランコは自分亡き後、国を治める人物になる教育を施す。

一九四八年、十歳になったときからファン・カルロスはスペインで暮らすようになり、フランコの庇護の下に国の指導者になる教育を受ける。

一九七五年十一月二十日のフランコの死後、彼の遺言に従って十一月二十二日、ファン・カルロスが国王として即位し、スペイン・ブルボンの王政復古が実現したのである。エナはそれ以前の一九六九年四月十五日に、ローザンヌで八十一歳の生涯を閉じていた。けれども孫のファン・カルロスが王座に就くことを知っていたし、亡くなる前年にはひ孫フエリペの洗礼式のためにマドリッドに数日間滞在し、懐かしい第二の故郷で家族に囲まれ幸せな日々を過ごしていた。

ファン・カルロス一世が結婚したのは一九六二年五月十四日で、ギリシャ国王パウロス一世のソフィア王女が未来のスペイン国王の心を捉えた。チャーミングな笑顔の裏に考古学を学んだ才女の知性を隠し、慈善家であり、芸術に造詣《ぞうけい》が深く、非の打ち所のない人である。

夫が国王になり王妃になったソフィアは、義祖母ヴィクトリア・ユゥジェニーがカルティエにオーダーした、七つのパールとダイヤモンドによるティアラをこよなく愛し、多くの公式行事の際にショートカットの上に煌めかせていた。政変に伴いしばらくの間姿を隠していたティアラだったが、その典雅な姿は変わることなく、スペイン・ブルボン王家復活とともに再び栄華の輝きをちりばめるようになった。

二〇一四年、フアン・カルロス一世が退位し、六月十九日にエナのひ孫フェリペが国王になった。ヴィクトリア・ユゥジェニー王妃からソフィア王妃に受け継がれたティアラは、新たに王妃になったフェリペ六世の妃レティシアに愛用される日がやがてくるだろう。

各時代にいかなる変貌があろうとも、ティアラは王家の人々の正式な装いに欠かせないものであることに変わりはない。代々継承されるティアラは、宝石を全身にまといつつ、時のかなたに流れ去った日々をも語る、美しい歴史の証人なのである。

Belgique
ベルギー

B

Belgique
ベルギー

プラチナを初採用ガーランド・スタイルの優美なティアラ

エリザベート王妃が大切にしていた、優美極まりないダイヤモンドのティアラ

二〇一四年十二月十二日に、ベルギーの首都ブリュッセルのサンミッシェル大聖堂で執り行なわれた、ファビオラ元王妃の国葬に美智子皇后が参列なさり、日本の皇室との親交がいかに深かったか再認識したベルギー王家。

天皇陛下はファビオラ元王妃の夫君である亡きボードワン一世と皇太子時代にお会いになり、そのとき以来交流を続けられていたし、美智子皇后とファビオラ元王妃の面会は十四回にものぼったという。

チャーミングな笑顔と気さくな性格で国民に圧倒的な人気があったファビオラ元王妃は、ベルギーに太陽をもたらした人だった。

スペインのモラ伯爵の娘として生まれたファビオラが、国王ボードワン一世と結婚したのは一九六〇年十二月十五日だった。挙式はブリュッセル北部にあるラーケンの王家の居城で行なわれた。

その日、王妃となるファビオラは祖国の著名なデザイナー、バレンシアガの美麗なウェディングドレスに身を包み、ボードワン一世の亡き母の形見のアールデコのティアラを着けていた。

その日、厳粛なセレモニーの近親者の席に、ひとりの気品あふれる高齢の女性がいた。ボードワン一世の祖母、エリザベート元王妃だった。息子レオポルド三世国王の妃だった母アストリッドを、五歳間近の幼いときに交通事故で突然失った孫を不憫《ふびん》に思い、最大の優しさを込めて見守っていた祖母だった。

当時八十三歳だったエリザベートが、孫の結婚式に出席するために選んだティアラは、均整が取れたひときわ典雅なフォルムのティアラだった。それを彼女がカルティエから購入したのは一九一二年だった。夫がアルベール一世として国王の座に就いた翌年だった。

バイエルン公カール・テオドールを父とし、ポルトガル王女マリア・ジョゼを母として、一八七六年七月二十五日にバイエルンで生まれたエリザベートは、今でも語り継がれているオーストリア皇后シシーの姪にあたる。カール・テオドールの姉がシシーで、年が二歳しか離れていないので、幼いときから仲良しだった。

シシーやカール・テオドールの父親であるバイエルン公国の公爵マクシミリアン・ヴィッテルスバッハは自由主義者で、宮廷生活を嫌っていた。彼は南ドイツに広大に広がる自然の中に佇《たたず》む別邸を好んで、そこに家族ともども暮らしていた。

そうした環境で伸び伸びと成長したカール・テオドールは軍に入り、いくつかの戦いにも参加した。けれども、それが彼にふさわしくないことにすぐに気がつき、軍を辞めてミュンヘン大学で薬学を学び、名誉博士号を取得する。

最初は従妹ゾフィーを妻として迎えたカール・テオドールだったが、わずか二年後に彼女に先立たれ、二番目に迎えたのがマリア・ジョゼだった。

結婚から六年後の一八八〇年、カール・テオドールは眼科病院を居城内に設置する。そのときエリザベートは四歳の幼い少女だった。母は父のよき理解者で、慈悲深く、弱者の味方で、夫が自費で設立した病院で看護婦の役目を果たすこともたびたびあった。一八九五年にはミュンヘンに「テオドール公眼科医院」を開き、現在も名医が揃《そろ》っていることで名を成している。

エリザベートはそうした両親の影響を受けながら成長していく。真面目な性格の彼女は語学習得を熱心に行ない、ドイツ語、フランス語、英語をこなし、ピアノとヴァイオリンの名手でもあった。

エリザベートが二十二歳になったばかりのベルギーのアルベール王子に出会ったのは一八九七年五月で、彼女は花の二十歳だった。アルベールは国王レオポルド二世の弟、フランドル伯爵フィリップの次男として生まれた。

叔父のレオポルド二世の後継者である皇太子が、九歳の幼い年齢で世を去ったために、国王の弟フィリップが王位を継ぐことになった。ところがフィリップは兄王より早く薨去《こうきょ》し、そのために第一王位継承権はフィリップの長男に回る。けれどもその長男もまた二十二歳で世を去ってしまい、結局、その弟であるアルベールが第一王位継承権を引き継ぐことになったのだった。

このように彼は、国王になる地位から遠い存在だったので自由に育ち、そのためか気さくでごく普通の生活を好む人だったと語られている。

写真右：ベルギー国王アルベール1世の妃であり、
シシー皇后の姪であった
エリザベート・ド・バヴィエールが
1910年にオーダーした
ガーランドスタイルのティアラ。
Nick Wersh, Cartier Collection©Cartier
写真左：1920年代にエリザベート王妃は、
ティアラをアールデコ風に
額に着けるという
大胆な装いで注目を集めた。
©Cartier/photo : Alban, Courtesy Bruxelles, Archives du Paris Royal

エリザベートがアルベールに出会ったとき、彼はすでに次期ベルギー国王になると決まっていたが、親しみやすい性格はそのままだった。

エリザベートへの求婚の言葉もひとりの恋する青年にふさわしい、簡潔でユーモアがあるものだった。

「ベルギーの空気に耐えられると思いますか?」

それが、アルベールからドイツ人のエリザベートへのプロポーズだった。しかも散歩の途中での求婚だった。

結婚式は一九〇〇年十月二日にミュンヘンで執り行なわれた。

エリザベートは飾り気がなく、登山を趣味とするアルベールに大きな愛を捧げていた。アルベールも母親に似て慈悲深く、いたわりの心を持つエリザベートを心から愛していた。ふたりの間には三人の子供が生まれる。皇太子は夫の跡を継ぎレオポルド三世国王となり、次男はフランドル伯となり、ひとり娘はイタリア国王ウンベルト二世の妃となる。

ベルギーは起伏に富んだ歴史を歩んできた国だった。フランス東部にあった有力なブルゴーニュ公国に占領されたり、ハプスブルク家の支配下にあったこともある。ハプスブルク家が分かれてスペイン＝ハプスブルクが生まれると、今度はスペイン領となり、その後も複雑な運命を辿《たど》り、独立国となったのは一八三一年だった。その初代国王として選ばれたのは、ザクセン＝コーブルク＝ゴータ家のレオポルドだった。

ザクセン＝コーブルク＝ゴータ家はドイツの名門で、イギリスのヴィクトリア女王の夫君アルバートもこの家系出身だった。彼とヴィクトリア女王との結婚を推進したのは、他ならぬレオポルドだった。

一八三一年七月二十一日、ベルギー初代国王となりレオポルド一世を名乗った彼は、フランス国王ルイ＝フィリップの王女ルイーズ＝マリーと結婚し、四人の子供に恵まれる。その息子がレオポルド二世として国を統治し、彼の逝去に伴い甥であるアルベールが即位したのである。

ベルギーの三代目の国王となる戴冠式《たいかんしき》は一九〇九年十二月二十三日に行なわれ、アルベール一世はフランス語とオランダ語で宣誓した。それ以前の国王はオランダ語を話さなかったので、彼は二ヶ国語を理解する最初の王だった。それも国民に圧倒的な人気があった理由のひとつだった。ベルギー最大の名君主と今でも称えられているアルベール一世の即位により王妃になったエリザベートは、そのとき三十三歳だった。

王妃になったエリザベートはカルティエのティアラを購入した。プラチナ、クッションシェイプダイヤモンド、ラウンドオールドカットダイヤモンド、ミルグレイン・セッティングのそのティアラは、カルティエが誇るガーランド・スタイル（花手綱様式《はなたづな》）の中でも、格別な評価を得ている逸品である。

センターの高さは五・五センチあり、大粒のダイヤモンドがそのほぼ頂上で華麗な煌《きら》めきを放ち、その下には波のような動きを見せる曲線のモチーフが左右対称に施されている。


時代の息吹を察知するルイ・カルティエの鋭敏な感性、知性、歴史の深い造詣《ぞうけい》、探究心が相まって形あるものとなり、世に披露されたガーランド・スタイル。それは彼自身がこよなく愛していた、ルイ十六世様式を美しく反映させて実現した傑作だった。

諸外国の君主たちの嫉妬と羨望《せんぼう》を集めていた壮麗なヴェルサイユ宮殿で、典雅《てんが》な宮廷生活が営まれていた十八世紀を、どの時代よりも評価していた三代目のルイ・カルティエは、当時の絵画や彫刻だけでなく、家具や工芸品にも絶大な興味を抱いていた。当然、それに関する書物も多数所有していた。十八世紀の様式のパターンに関する本のほとんどを購入していたほどの情熱の傾けようだった。

そこに見られる可憐な花の姿や、茎や花あるいは葉を綱状にからめたガーランド・スタイルは、ヴェルサイユ宮殿を、そしてまた、王妃マリー・アントワネットの美麗な姿と振る舞いを彷彿《ほうふつ》させないではいなかった。そこには、古典的な均整が取れた美の鼓動があった。

十八世紀はパリの街中にもあった。特に有力な貴族や富裕階級の豪奢な邸宅があったマレ地区やサン・ルイ島に。

そうした建造物に施された彫刻やレリーフ、あるいはドアの取っ手にいたるまで、ルイが送った人々の手によって精密にデッサンされ、資料に加えられていた。

ガーランド・スタイルは単に十八世紀の復活ではなく、時代に即した芸術性豊かな感性が盛り込まれていた。それだけではない。革新性に富んだルイは、それまで長い間敬遠されていたプラチナをジュエリーに採用したのだった。それは画期的発案だった。新分野開拓に長《た》けていた時代の先取りをする彼ならではの、思い切った決断だった。

以前はジュエリーの台座はシルバーが多かった。けれども時が経つにしたがって黒ずんでくるために、その上のダイヤモンドまでが輝きを失ったかのように見える。

ところがプラチナはシルバーのように酸化することはない。優れた耐久性を持ち純度が高いプラチナは、天然の白い色合いを永遠に保つ。硬いがために加工が難しく、ジュエリー界では遠ざけられていたが、純な美しさを失うことがないプラチナ。それに注目したルイ・カルティエはやはり希代の人だった。

繊細で優雅なガーランド・スタイルのジュエリーには、プラチナが必要だとルイは考え、実現した。

凛《りん》とした光沢を放つプラチナと、その光を受けてさらなる輝きをちりばめるダイヤモン

1926年、ベルギー皇太子レオポルド3世と、
アストリッド王女の結婚式の写真。
エリザベート王妃は
同じティアラを着けた正装。(中央右)

ド。その高貴な共演による高貴な煌めきは、爵位ある人のティアラに適していた。

ガーランド・スタイルのティアラはエリザベートのお気に入りとなり、多くの重要な公式行事の際に用いていた。王妃だった時代の一九二六年、皇太子レオポルドとスウェーデン王女アストリッドの結婚式の際に、彼女はこのティアラを着けていた。

そして時が経ち、孫ボードワン一世がスペイン女性ファビオラと結婚したときにも、エリザベートは同じティアラを選んだ。それほどこのティアラは彼女にとって貴重な存在だったのである。

第一次世界大戦の際に、強力な帝国だった敵国ドイツがベルギー通行権を要求すると、アルベール一世は頑固にそれを拒否した。ベルギーは中立を保つひとつの国であり、通り道ではない。国土を守りぬくのが我々の役目だと名言を吐いた。

彼は兵士たちと同じ粗末な軍服を着て、軍の先頭に立ち機敏に指揮を執っていて「騎士王」と呼ばれていた。王妃エリザベートも病院で負傷兵の看護に夜を徹して従事し、「白衣の王妃」と呼ばれていた。

このように国と国民のために尽くしていたアルベール一世とエリザベート王妃は、ベルギー人に感動を与え、敬愛されていた。

古代エジプトに情熱を抱いていた王妃は、ハワード・カーターがツタンカーメンの墓を発掘したわずか三ヶ月後の一九二三年二月十三日に訪れている。彼女はまた現在ベルギー王立美術館内にあるエジプト学アソシエーションの前身「エリザベート王妃エジプト学財団」も設立した。

現在、音楽や美術などの文化的イベントを多く開催している「ブリュッセル芸術センター」を、アール・ヌーヴォーの巨匠ヴィクトール・オルタの設計で建築させ、一九二八年にオープンさせたのもエリザベートだった。

音楽に関する王妃の貢献は非常に大きく、ベルギー国立管弦楽団設立の援助をしたり、世界的に権威のある「エリザベート王妃国際音楽コンクール」の前身の、ベルギーが誇る天才ヴァイオリニストで作曲家、ウジェーヌ・イザイの名を冠した国際コンクールの開設にも支援を惜しまなかった。このコンクールが実現したのは一九三七年だった。

アルベール一世夫妻の愛が隅々まで浸透し、優れた芸術や建築が世に多くの影響を及ぼしていた平和で幸せなベルギーが、不幸のどん底に落とされたのは一九三四年だった。

それは、何の前触れもなく突然起きた。

気さくな性格のアルベール一世は、贅沢《ぜいたく》を好む人ではなかった。彼の最大の楽しみは登山だった。

冬の寒さが厳しい日、国王は古都ナミュール近くの岩山「マルシェ・レ・ダム」を登っていた。彼はひとりだった。証人がいないために詳細はいまだに不明で、おそらく遭難だろうとされているが、彼の遺体が渓谷で発見されたのだった。二月十七日午前二時だった。王の帰宅が遅く、案じた侍従が使者を送り悲劇が発見されたのだった。

国民が受けた衝撃は大きかった。

翌日から亡き王を偲《しの》ぶ人々が、行列を作って現場を訪れた。その巡礼の旅はいまだに続いている。それほどアルベール一世は偉大な国王だった。

一九三四年二月二十三日、皇太子レオポルドが四代目の国王になる。レオポルド三世にはスウェーデン王女だったアストリッド王妃がいた。絶世の美女でオーラがあり国民に熱狂的な人気があり、皇太后となったエリザベートとの仲も和《なご》やかで申し分なかった。ふたりの間には皇太子ボードワンも生まれていて、国の将来も確約されていた。

ベルギーが再び突然の不幸に見舞われたのは、国王即位から約一年半後の一九三五年八月二十九日だった。

その日、国王夫妻はスイスのキュスナハトにある別荘の近くをドライブしていた。ハイクオリティの高級車パッカードを運転していたのはレオポルド三世だった。スイスで四番目に大きいルツェルン湖の周囲は風光明媚《めいび》で、富裕階級の別荘や高級ホテルが多い。かなたには山の連なりが見え、湖水の表面には瀟洒《しょうしゃ》な建造物が映り、絵のごとくに美しい。そこに差しかかったとき、国王が運転を誤った。車はすさまじい音を立てて転倒し王妃の命を一瞬のうちに奪った。

予期せぬ出来事が引き続き起きたのだ。ベルギー全土が深い悲しみに沈んだ。アストリッドは王妃になって一年、しかも二十九歳の若さだった。

打ちのめされた国王は、事故現場に亡き王妃の名を冠する小さな教会を建築させる。皇太子が五歳の誕生日を迎える直前の悲劇だった。

母親を亡くした三人の孫に、エリザベートはできる限りの愛情を込めて接していた。

第二次世界大戦はレオポルド三世の運命を大きく変える。

戦争初期の一九四〇年、ベルギーは必死の抵抗にもかかわらず、ドイツに敗戦しその支配下に入った。政府は直ちにロンドンに移住したが、ベルギーに残っていた国王は政府の意見を聞くこともなく独断で降伏し、ドイツの捕虜になる。彼の子供たちもエリザベートも同じだった。彼らは宮殿でドイツ兵の監視の下に暮らすことを余儀なくされた。とはいえ比較的自由な生活だった。

その間にレオポルド三世は再婚する。相手はロンドン生まれのベルギー人、リリアン・バエルで、彼女との再婚を勧めたのはエリザベートだった。妃に先立たれ、戦いにも敗れ、不名誉な捕虜生活を送り、ロンドンの亡命政権からも非難され、生気を失っている息子に再び喜びを見出してほしいと皇太后は思ったのだろう。

リリアンの父アンリ・バエルはベルギーの農業大臣を務めたこともあり、王家の人々との交流もあった。

エリザベートの祝福を受けてレオポルド三世とリリアンが結婚したのは一九四一年九月十一日だった。後にドイツの命令によりドイツのザクセン州の城砦や、オーストリアのストローブルに暮らすようになった際にも、リリアンは夫と運命を共にした。けれども彼女には身分の差から王妃の称号は与えられず、レティ公爵夫人と呼ばれていた。

この戦いの間にエリザベートは、ユダヤ人収容所から子供たちの救出に携《たずさ》わったと言われている。

ベルギーは一九四四年にドイツ支配から解放されたが、戦争中の国王の行為がベルギー国内で非難され、本国に戻ることができたのはスイスでの六年間に及ぶ亡命生活後だった。けれども帰国したレオポルド三世とリリアンへの風当たりは想像以上に厳しく、暴動まで起き、国が二分されるかと思うほどだった。

国家分裂を避けるために、そしてまた君主制維持のために、レオポルド三世は退位し、皇太子ボードワンが王座に就く。一九五一年七月十七日、彼は二十歳でボードワン一世を名乗る。新国王の祖母エリザベートは七十五歳間近だった。彼女は夫、息子、孫の戴冠式を見守ってきたのだった。

文芸をこよなく愛していたエリザベートは、多くの文学者や芸術家と親交を結んでいた。その中にはフランスの文学者アンドレ・ジッドやコレットもいたし、画家ピカソ、多才なジャン・コクトーもいた。アインシュタイン、シュヴァイツアーの友人でもあった。晩年には数ヶ国の当時の共産国を訪問し、そのために「赤い王妃」と呼ばれていたこともあった。

ふたつの大戦を経験し、夫と義理の娘の突然の悲劇に襲われ、息子の退位も見てきたエリザベートが、八十九歳の起伏に富んだ人生を閉じたのは一九六五年十一月二十三日だった。

国民に敬われ愛されていたエリザベートの名は、ベルギーの道路や広場に刻まれ、常に国民とともにいる。

現ベルギー国王フィリップは曾祖母エリザベートにちなんで、長女にその名をつけた。

彼女が去って半世紀経った今でも、ベルギー国民に語られているエリザベート。彼女ほど国のために尽くしたベルギー王妃はいない。

Roumanie

ルーマニア

R

Roumanie

ルーマニア

スリランカ産478.68カラットの眩いサファイア

世界最大の大粒サファイアを限りなく愛したルーマニア王妃マリア

ロンドンの南東にあるケント州で、一八七五年十月二十九日に生まれたマリアは、絵に描いたように愛らしい王女だった。父はイギリスに大繁栄をもたらしたヴィクトリア女王の次男エディンバラ公アルフレッドで、母はロシア皇帝アレクサンドル二世の長女という、高位の生まれだった。

マリアが生まれたケントはヴィクトリア朝の代表的作家チャールズ・ディケンズが子供時代を送り大きな影響を受け、また「進化論」で有名な自然科学者チャールズ・ダーウィンが晩年を過ごし、生涯を閉じた地だった。首相を務めたウィンストン・チャーチルが壮年期を過ごし、執筆に情熱を燃やしていた重厚な家とバラが咲き乱れる広大な庭園も、ケントにあった。


ウィンザー城で生まれたマリアの父エディンバラ公アルフレッドは、海軍に入り世界一周を行なった際の一八六九年に日本に立ち寄ったこともある。当時の日本は明治政府が誕生したばかりで、アルフレッドがヨーロッパ王族として最初に日本を訪問をしたのは意義あることだった。

アルフレッドの父であり、母ヴィクトリア女王の王配（王の配偶）であるアルバートの出身国、ドイツ中部にあったザクセン＝コーブルク＝ゴータ公国の君主、エルンスト二世には跡継ぎがいなかった。そのために、彼の甥にあたるアルフレッドが公位を継ぐことになる。一八九三年のことで、そのときケントで生まれた長女マリアは十八歳になっていた。彼女の両親はエディンバラ公夫妻であると同時に、ザクセン＝コーブルク＝ゴータ公夫妻という、ふたつの輝かしい称号の持ち主となったのである。

マリアが後年にルーマニア国王になるフェルディナンドと結婚したのは、彼女の父がザクセン＝コーブルク＝ゴータ公に就任した数ヶ月後だった。フェルディナンドはルーマニア国王カルロス一世の甥で、国王に子孫がいなかったために彼が継承することが決まっていたのである。

一九一四年にカルロス一世が逝去し、夫がフェルディナンド一世として即位し、マリアはルーマニア王妃となった。けれども第一次世界大戦が始まったので、戴冠式《たいかんしき》は一九二二年まで延ばした。

ルーマニア王妃になったマリアは心から国と国民を愛し、第一次世界大戦中には宮殿内に赤十字社を設立し、看護婦として積極的に働き、負傷兵や病人の世話を熱心に行なっていた。それだけでなく、赤十字の資金を集めるために「わが国」という本を書いたし、外国からの資金援助にも奔走した。

ルーマニアが連合軍側についたのも、主要連合国であるロシアとイギリスの王家の血を引くマリアの強い助言があったためとされている。このように彼女は政治にも長《た》けた才知ある女性だった。

一九一九年六月二十八日にヴェルサイユ宮殿の「鏡の回廊」で、終戦条約に調印したとき、ルーマニア代表として首相とともに列席したマリアは、ルーマニアに不可欠な王妃だった。

どちらかというと意志が弱く、実行力にも欠け、「善良なルーマニア人」と自ら語っていたフェルディナンド一世の代わりに国を統治していたのは、むしろマリア王妃だった。そのことは国民もよく知っていた。そうしたマリアをフェルディナンドは限りなく愛していた。

戦争が終わった一九一九年秋、カルティエはスペインのサン・セバスチャンでジュエリーの展示会を開催し、そのとき披露したネックレスが大きな脚光を浴びた。会場は一九一二年にオープンしたベルエポックの時代を象徴する優雅なラグジュアリーホテル、『マリア・クリスティーナ』だった。

人々の驚嘆を独占したネックレスの先端には、目も心も奪わないではおかない、信じられないほど大きなサファイアが輝いていたのである。静寂なブルーを秘める貴石には、何物にも動じない際立った気高さがあった。

数人の王家の人々が並々ならない関心を示したが、あまりにも高価だったせいか、そのときは買い手が付かなかった。

ルーマニアのマリア王妃。公式の場面では、
国王フェルディナンド1世から贈られた
ネックレスを身につけることが多かった。
Cartier Archives©Cartier
1919年、カルティエが発表した、478.68カラットの
サファイアがきらめくネックレスは、
マリア王妃のお気に入りのジュエリーのひとつ。
Nils Herrmann, Cartier Collection©Cartier

ルーマニア国王
フェルディナンド1世。

それから二年後の一九二一年、ルーマニア国王フェルディナンド一世が、王妃マリアへのプレゼントとして購入する。四七八・六八カラットのサファイアが煌《きら》めくそのネックレスに、マリアはどれほど魅了されたことか。彼女は何度も公の席で身に着けていた。

その翌年一九二二年十月十五日、ルーマニアのトランシルバニア地方にある、古い歴史がある古都アルバ・ユリアで、フェルディナンド一世は壮麗な戴冠式を執り行なった。

フェルディナンド一世が妃に贈ったネックレスの気品漂う豪華なサファイアは、スリランカで発掘されたもので、一九一三年にカルティエが入手した。

ルビーに代表される赤色の宝石以外で、ダイヤモンドに次いで硬い貴石と言われるサファイアは、インドの仏教徒の間で特に尊重されていた。慈愛や誠実を表すサファイアは、中世の時代からキリスト教司教の叙任のしるしとして、人差し指につける指輪の宝石のひとつとなっていると伝えられている。

そのような意味合いを持つ稀有《けう》な大きさと輝きのサファイアを、どのように生かしてジュエリーにするかが、ルイ・カルティエの大きな課題だった。いくつもの案が浮かび、何度かデザインの変更がなされ、最終的に決まったのは、カルティエの重要な顧客だったアメリカのナンシー・リーズから購入したネックレスの先に、サファイアを取り付ける案だった。

大富豪の家に生まれたナンシー・リーズは、古くからカルティエのジュエリーの愛好家で多くの宝飾品を購入していた。二度結婚した後に知り合った、ギリシャ・デンマーク王子クリストフォロスとの一九二〇年の三度目の結婚で爵位を得た彼女は、それ以降ギリシャ・デンマーク王女アナスタシアと呼ばれるようになる。

死別した二番目の夫が莫大な遺産を残したために、ナンシーには新しい夫をはるかに超える財産があった。ジュエリーに愛着を抱いていた彼女は、カルティエの各時代を代表するさまざまな高価な宝飾品を買うのに事欠かなかったのである。

そうしたひとつが一九一一年に購入したダイヤモンドのネックレスで、それをカルティエが一九一九年に買い戻す。ルイ・カルティエはその先端に一九一三年に手に入れた稀有なサファイアを付けることを思い立ち、サン・セバスチャンでの展示会で発表したのである。

国王フェルディナンド一世からプレゼントされたそのネックレスは、それ以前にロシア革命で亡命したウラジーミル大公夫人からマリアが購入した、サファイアのティアラと見事なハーモニーを生んでいた。あまりにもそれが気に入った彼女は、戴冠式の日にその両方を着用したほどであった。その二年後に画家フィリップ・ドゥ・ラズローによって、サファイアのネックレスとティアラを着けたマリア王妃の美麗な姿が描かれ、後世に伝えられるようになったのである。

一九二七年に国王に先立たれ、マリアは未亡人になった。夫の後を継いで皇太子カロルが国王になるはずであったが、前国王在位中に王位継承権を破棄し、自由な生活を選んでいたので、カロルの息子でマリアの孫にあたるミハイが即位する。

ところが一九三〇年にカロルが突然ルーマニア国王になる宣言をし、カロル二世を名乗る。けれどもそれも長く続かず、退位しポルトガルに暮らすようになる。その後再度ミハイ一世が国王になり、一九四七年十二月三十日に王政が廃止される。

このように国の統治の変更があったが、マリアは以前から情熱を抱き、また才能を発揮していた執筆に従事し、孫が国を治めていた王政が健在だった一九三八年に六十二歳の人生を閉じた。

息子とマリアの関係は良好ではなかったが、娘たちは立派に成長し、第一王女エリザベートはギリシャ国王ゲオルギオス二世の妃となり、二番目の王女マリアはユーゴスラビア国王アレクサンダル一世の妃になった。

後年にサファイアは、マリア王妃が愛用していた時代のカットを失うことなくネックレスから取り外され、時が経ち、二〇〇三年にジュネーヴのオークションで高値で買い上げられた。

カルティエが施した花からインスピレーションを受けたダイヤモンドの台座は、現在もそのままの状態で残り、世界最大の〝カット　サファイア〟を煌びやかに支えている。

年表〈カルティエと王家の歴史〉

1847

■ルイ＝フランソワ・カルティエ（1819-1904）、師匠のアドルフ・ピカールよりパリ、モントルゲイユ街29番地のジュエリー工房を譲り受け、創業

1856

■ナポレオン1世の姪でありナポレオン3世の従姉妹であるマチルド皇女、カルティエから最初の購入

1859

■カルティエ、イタリアン大通り9番地に移転。ユゥジェニー皇妃が顧客となる

1899

■カルティエ、ラペ通り13番地へ移転

■アルフレッド（1841-1925）の長男、ルイ・カルティエ（1875-1942）が父と共同経営を開始してから1年が経過

1900

■世界各地の国王や女王、貴族が、ネオ・クラシック風のプラチナにダイヤモンドをあしらったジュエリーを続々と購入

■ウラジミール大公夫人「ドッグカラー」チョーカーをオーダー

1902

■アルフレッドの次男ピエール・カルティエ（1878-1964）、ロンドン支店をニュー・バーリントンストリート4番地にオープン。開店がエドワード7世の戴冠式と重なる

1904

■カルティエ、英国の国王エドワード7世より、最初の王室御用達に指定される

■スペイン国王アルフォンソ13世の御用達となる

■ルイ・カルティエ、友人のブラジル人飛行士アルベルト・サントス＝デュモンのために、世界初の男性用レザーストラップ腕時計を製作

■英国のアレクサンドラ王妃、インディアン・スタイルのネックレスを購入

■抽象的かつ幾何学的なデザインを特徴とするアールデコ・スタイルを取り入れた最初のジュエリーを製作

1905

■ポルトガル国王カルロス1世の御用達となる

1906

■アルフレッド・カルティエの三男、ジャック・カルティエ（1884-1941）がロンドン支店の経営者となる

1907

■サンクトペテルブルグのグランドホテルヨーロッパにて、初の展示販売会が開催される
■ロシア皇帝ニコライ2世の御用達となる

1908

■シャム国王パラミンドル・マハ・チュラロンコルンの御用達となる

1909

■ロンドン支店、ニュー・ボンドストリート175-176番地に移転
■ピエール・カルティエ、ニューヨーク支店を5番街712番地にオープン
■ギリシャの国王ゲオルギオス1世の御用達となる
■ウラジミール大公夫人、137.2カラットのサファイアを中央にあしらった「ココシュニック」ティアラをオーダーする

1910

■ブルーダイヤモンド「ホープ」をアメリカ人顧客のエヴァリン・ウォルシュ・マクリーン夫人に売却

1911

■1904年のモデルを原型にした、腕時計「サントス」を販売
■ジャック・カルティエ、デリーで行なわれたジョージ5世の戴冠記念式典に出席するため、インドおよびペルシア湾へ

1912

■最初のミステリークロック「モデルA」を発表
■パリ市議会、皇帝ニコライ2世にカルティエの「インペリアル エッグ」を謹呈（現在、ニューヨークのメトロポリタン美術館に収蔵）
■スペインのエリザベート王妃がガーランド・スタイルのティアラを購入

1913

■セルビア王ペータル1世の御用達となる

1914

■オニキスで表現したパンテール モチーフを用いた最初のジュエリーウォッチを製作
■オルレアン公フィリップの御用達となる

1917

■腕時計「タンク」が誕生

1919

■ベルギー国王アルベール1世の御用達となる

1920

■イタリア王国ヴィットーリオ・エマヌエール3世の御用達となる
■モナコ公国のアルベール王子の御用達となる
■スペインのヴィクトリア・ユゥジェニー王妃がパールとダイヤモンドのティアラの製作を依頼

1921

■イギリス皇太子（のちのエドワード8世、1936年の退位後はウィンザー公）の御用達となる
■ルーマニア国王フェルディナンド1世が478.68カラットのサファイアを使用したネックレスを購入

1924

■3色のゴールドを組み合わせた、のちに「トリニティ」と名付けられる3連リングが誕生

1925

■カルティエ、パリで開催された現代装飾美術・産業美術国際博覧会（通称アール・デコ展）のエレガンス館に出展、注目を浴びる
■アルフレッド・カルティエ死去
■インド、パティアラのマハラジャ・ブピンドラ・シンがイエローダイヤモンド「デビアス」を使用した式典用ネックレスの製作を依頼（1928年ネックレス完成）

1927

■スペインのヴィクトリア・ユゥジェニー王妃が「ミステリークロック」を購入

1928

■アメリカ人上顧客のマージョリー・メリウェザー・ポスト、かつてフランス王妃であったマリー・アントワネットが着用していたイヤリングを、ロンドンのカルティエにて購入

■ルーマニア王妃マリアの御用達となる

1929

■エジプト王フアード1世の御用達となる。また、カイロで開催されたフランス美術博覧会に参加

1931

■インド、ナワナガルのマハラジャ、ジャム・サエブ・ランジットシンハジ・ヴィバジが「クイーン オブ ホーランド」ダイヤモンドを用いたネックレスの制作を依頼

1933

■ジャンヌ・トゥーサン、カルティエのハイジュエリー部門最高責任者となる

■石を留める地金の爪が見えないように宝石をセッティングする技術「インビジブルセッティング」の特許取得

1936

■イギリスのヨーク公アルバート（後のジョージ6世）の依頼により「ハロー」ティアラを製作

1938

■カルティエ製世界最小の腕時計、イギリスのエリザベス女王へ贈呈される

1939

■アルバニア国王ゾグ1世の御用達となる

1940

■ド・ゴール将軍、カルティエの支援を受け、ロンドンで自由フランス軍を組織。彼の演説のいくつかは、将軍が自由に使えるようにジャック・カルティエが設けたオフィスにおいて執筆された

1942

■フランス占領を象徴するブローチ「籠の中の鳥」を製作。1944年にはパリの解放を祝い、ブローチ「解き放たれた鳥」が製作される

1947

■ルイ・カルティエ、ジャック・カルティエ死去

■カルティエ、創業100年を迎える

1949

■ウィンザー公爵夫妻、152.35カラットのカシミール産カボションサファイアに座したプラチナ製「パンテール」ブローチをパリにて購入。1987年にカルティエ自身が同ブローチを買い戻す

■有名ハリウッド女優グロリア・スワンソン、1932年にカルティエで購入したダイヤモンドと水晶のブレスレット2本を着用し「サンセット大通り」に出演

1953

■エリザベス女王より「ウィリアムソン」ダイヤモンドを使用したジュエリーの依頼を受け、「エーデルワイス」ブローチを製作

1956

■グレース・ケリー、レーニエ公より、10.47カラットのエメラルドカットダイヤモンドが嵌め込まれた婚約指輪を贈られる

1957

■上顧客バーバラ・ハットン、イエローゴールド、オニキス、イエローダイヤモンドを用いた「タイガー」ブローチを購入

1958

■「ホープ」ダイヤモンド、スミソニアン博物館に寄贈される

1964

■ピエール・カルティエ死去

1969

■カルティエが69.42カラットの貴重なペアシェイプカットダイヤモンドを落札し、リチャード・バートンに売却。バートンが誕生日プレゼントとしてエリザベス・テイラーに贈ったことから、このカルティエダイヤモンドに「バートン テイラー」ダイヤモンドと名がつけられる

■「ラブ」ブレスレットの誕生

1975

■メキシコ人女優マリア・フェリックス、カルティエに二匹のワニをかたどった型のイエローダイヤモンドネックレスを注文

1997

■カルティエ、創業150周年を迎える。

■ロンドンの大英博物館、ニューヨークのメトロポリタン美術館にて、回顧展「カルティエ 1900-1939」展を開催

2001

■カルティエ、パリの第21回アンティーク ビエンナーレにて、パティアラのマハラジャのために製作した式典用ネックレスを公開

■5番街と52丁目の交差点、ニューヨーク市により「プラス ドゥ カルティエ」と正式に命名される

2004

■腕時計「サントス ドゥ カルティエ」の100周年を記念して、「サントス 100」「サントス ドゥ モワゼル」および「サントス デュモン」を発表

■パリの第22回アンティーク ビエンナーレにて、歴史的に有名な128.48カラットの「スター オブ ザ サウス ダイヤモンド」を展示

2007

■腕時計「バロン ブルー ドゥ カルティエ」を発表

2011

■イギリスのウィリアム王子との婚礼にて、キャサリン妃が、イギリス王室に代々受け継がれる1936年カルティエが製作の〝ハロー〟(光輪)ティアラを着用

2013

■パリのグランパレにて、「カルティエ、スタイルと歴史」展開催

2014

■第27回アンティーク ビエンナーレにてイギリス王室が所有していた166.18グレインのパールを用いたティアラを製作

2015

■6月、「京都国立博物館」にて、ハイジュエリーコレクション「カルティエ ロワイヤル」を含む数百点のカルティエ ジュエリーを一堂に会し、世界中から特別な顧客を招いた受注イベントを開催

［本文写真クレジット］

イギリス
17 ©Hulton Archive/Getty Images
19 ©UPPA/Photoshot/amanaimages
20-21 ©Tim Graham Photo Library/Getty Images
22 ©Getty Images
23 右©TopFoto.co/amanaimages
23 左©Bettmann/CORBIS/amanaimages
24 ©WireImage/Getty Images

フランス
49 ©Hulton Archive/Getty Images
60 ©Hulton Fine Art Collection/Getty Images

ロシア
78 ©Universal Images Group/Getty Images
81 ©adoc-photos/Corbis/amanaimages

インド
130 ©National Portrait Gallery, London
135 ©bridgemanart/amanaimages

スペイン
153 ©The LIFE Picture Collection/Getty Images
156 ©Hulton Archive/Getty Images
158 ©Gamma-Rapho/Getty Images
160 ©WireImage/Getty Images

ベルギー
176-177 ©Universal Images Group/Getty Images

ルーマニア
191 ©Muzeul National Peles
192 ©Hulton Royals Collection/Getty Images

Cartier Royal
97、99、105　Nils Herrmann © Cartier 2014
103、108（右）、109、112　Gérard Uféras © Cartier
110-111　Cartier Archives© Cartier
それ以外は © Cartier

※各行の頭の数字はページ数

あとがき

本を書いているときの楽しみは、様々な資料を紐解《ひもと》いている間に、思いがけない事柄に出会うことである。それに対する興味が膨《ふく》らんで、本題からそれて別の方向への調べに熱中してしまうこともある。

今回取り上げたロシアの亡命貴族が辿《たど》った人生は、そうしたひとつだったし、ベルギー王妃もそうだった。彼らの子孫はどうなったのだろうか、現在も健在なのだろうか、どこに住んでいるのだろうか、何をしているのだろうかと興味が広がり、そこから抜け出るのが結構大変だった。

カルティエのジュエリーを愛用していた王家の人々の人生を辿っている間に、何度も思ったことがあった。それは、カルティエがこれほどの錚々《そうそう》たる人物を顧客としていたのは、フランスのメゾンだったから、ということだ。フランス人は元々特有の感性、特有の審美眼を持つ国民である。それは幾世紀にもわたって磨かれ、育まれてきたものだ。そんなフランス人によって創立され、代々引き継がれているカルティエのジュエリーには、そのエスプリが宿っている。美に関するセンシビリティが、妥協を許さない感性が注ぎ込まれている。それだからこそ、最高峰の美術工芸品の価値を知っている由緒ある王家の御用達になれたのだろう。

それほどのカルティエが大切に保管している貴重な資料に触れ、遠い存在の人々が愛用していた遠い存在のジュエリーに潜むエピソードを知り、また語れるのは大きな喜びだった。まるで、稀有《けう》なジュエリーを手にしたかのように幸せだった。この尊い想いをいつまでも大切にしておきたい。

先日嬉しいニュースが飛び込んできた。二〇一四年九月、パリのグランパレにて発表された比類なきハイジュエリーコレクション「カルティエ　ロワイヤル」。それらを含む数百点ものまばゆいジュエリーが六月初夏の京都国立博物館に旅するというのだ。それは特別な顧客を招いての受注イベントになるようだが、愛する国日本でこのような素晴らしい機会が設けられることは、私にとっても無類の喜びである。

本書の刊行にあたり、前回の「カルティエを愛した女たち」に引き続きお世話になった、カルティエインターナショナル資料室のミッシェル・アリアガ氏およびそのスタッフ、日本のオフィスの皆様に、心からの感謝を捧げます。

二〇一五年三月

川島ルミ子

装丁、本文デザイン
木村デザイン事務所
木村裕治
宇佐美暢子

装画・挿画
Tsuyoshi HIRANO.
平野 傑

編集協力
近内明子

協力
カルティエ

カルティエと王家《おうけ》の宝石《ほうせき》

2015年4月29日 第一刷発行

著者 川島《かわしま》ルミ子《こ》
発行者 館 孝太郎
発行所 株式会社集英社インターナショナル
郵便101-8050 東京都千代田区一ツ橋2-5-10
電話 出版部:03-5211-2632
発売所 株式会社集英社
郵便101-8050 東京都千代田区一ツ橋2-5-10
電話 読者係:03-3230-6080
販売部:03-3230-6393(書店専用)
印刷所 図書印刷株式会社
製本所 加藤製本株式会社

ISBN978-4-7976-7296-1 C0095

集英社インターナショナルの本

カルティエを愛した女たち

川島ルミ子・著

宝石には人に高揚感を与えるパワーがある。イギリス国王エドワード七世に「王の宝石商、宝石商の王」と称されたカルティエ。１６７年の長い歴史を刻んだカルティエを愛し、所有した８人の比類なき女性の〝光と影〟の物語。

Ａ５判　本体２、３００円　ISBN978-4-7967-7271-8